ダニー・トレホの
タコスを
喰え！

「最凶」の漢による
「最高」のL.A.スタイル・
メキシカン・レシピ 75

ダニー・トレホ
with **ヒュー・ガーヴェイ**

加藤輝美［訳］

この本を家族に捧げる。

まず、誰よりも何よりも大切な母さんへ。
ママ、俺はついに自分の店を開いたよ。

次に、俺の大事な子どもたちへ。
俺のすることはすべて、おまえたちのためだ。
愛しているよ。

［邦訳版凡例］
・レシピの計量カップは、アメリカの1カップ（＝240ml）を基準にしています。
・バターについて、原書では「スティック」で表記されていましたが、日本では
　あまり馴染みがないため、「グラム」（1スティック＝約113グラムとして）に
　換算しました。
・材料の分量、温度、調理時間は目安です。

CONTENTS
目次

008　はじめに
昔むかし、ロサンゼルスで

014　トレホ流料理スタイル

017　ミックスとそがメキシカン

021　『トレホズ・タコス』のキッチン
　　　──トレホ流料理に欠かせない食材

027　肉の基本
　　　──どんな肉（と魚）を使う？

033　マチェーテからモルカへテまで
　　　──道具について

037　トレホ流LA案内
　　　──ダニーおすすめの（ほぼ）食中心LAガイド

**044　サルサ、クレマ、
　　　ソース、ドレッシング**

**068　タコス、ブリトー、
　　　ボウル、ケサディーヤ**

148　タコス以外の料理

178　ドーナツ＆デザート

204　マルガリータと飲み物

218　謝辞
220　索引

INTRODUCTION

ONCE UPON A TIME *in* LOS ANGELES

はじめに
昔むかし、ロサンゼルスで

上　半身裸でタトゥーまみれ、いつも銃を持ち歩き、ナイフを投げまくる、復讐に燃えた無慈悲なタフガイ。そんな男ばかり演じてきた役者の俺が、なぜ賞をもらえるようなタコスや、本場のバルバコアや、ケール・サラダで人気のレストランチェーンのオーナーになったのか？　その答えとして俺がよく使うのはこんな言葉だ──「肝心なのは始まりじゃない、仕上げさ」。『トレホズ・タコス』は、まさにその証しだ。

俺は映画で「悪いヤツ」を演じているが、実際の人生でもさまざまな「役」を経験してきた。ボクサーに、ボディビルダー、ドラッグ・カウンセラー。じつを言うと、一時期、ホンモノの悪人だったこともある。1960年代の話で、結局サン・クエンティンとソレダードの州刑務所に入れられた。酒とクスリをきっぱり断ったのは、その刑務所の中でだ。だがそれは俺の人生の、ほんの1ページに過ぎない。そのあと、300本を超える映画に出演し、3人の子の父親になり、ローライダーやビンテージ・カーやバイクをコレクションするまでになった。

今でもたまに州刑務所に行くことがあるが、それはドラッグ・カウンセラーとして受刑者と話をするためだ。仕事で世界を10周ぐらいは回ったが、いつだって帰ってくる故郷はロサンゼルスだ。現在の俺の暮らしは、60年代とはまるっきり違う。あの頃の俺はレストランに押し入る側だったが、今やレストラン8軒のオーナーだ。しかも店はパサデナからハリウッド、ロサンゼルス空港からウッドランド・ヒルズへと、まだまだ成長を続けている。

だが、そんな俺のスタート地点を、少し思い出してみよう。50年代から60年代に暮らしていたのは、ごく控え目に言ってもありとあらゆるものがごた混ぜになった場所だった。育ったのはエコー・パークだが、今みたいなこじゃれた地域になるはるか前のことだ。そこからサン・フェルナンド・バレーの北東の隅にあるパコイマという郊外に引っ越した。ロスの碁盤目にきらめく道路の灯りがエンジェルス国有林の闇の中へと広がって消えていくあたりだ。刑務所に入ったり、トラブルに巻き込まれたりさえしなければ、そこが俺の帰る家で、家族はいつも喜んで迎えてくれた。何より大事なのは、おふくろがそこにいたことだ。俺が悪いことをしていようがまともな毎日を送っていようが、おふくろはいつだって最高にうまい料理を作ってくれた。おふくろの料理が、俺はほんとうに大好きだった。『トレホズ・タコス』は、おふくろの料理抜きには存在しない。

おふくろはじつに料理がうまかった。50年代のラテン系労働者階級の家では──いや、どこの労働者階級の家で

も同じだろうが——食卓はこんな感じだった。月の初めには、手のこんだ信じられないくらい豪華な料理がずらりと並ぶ。チキン・モレ［鶏肉のビターチョコソースがけ］やカルネ・アサーダ［牛肉のグリル］やエンチラーダ［肉巻きトルティーヤのトウガラシソースがけ］が、テキサス風に山のように盛られた皿がいくつも置かれた（ちなみに、おふくろはテキサス生まれだった）。だが月末が近づき、金が底をついて家賃の支払いにも困るようになると、ちゃんとした名前なんてない料理が出てくるようになる。そんなときにおふくろが作るのは、家にある食材を使った料理だ。「母ちゃん、これなに？」ときくと、「なんでもいいだろ。なんかいろいろ混ぜたやつ」とおふくろは答える。次の夜にも同じことをきくと、おふくろはこう言う。「ありあわせ料理よ」その次の日の答えはこうだ。「いいから食べな。栄養になるからさ」いつもそんな調子だった。

　そういう料理が、俺の子どものころのいちばんの思い出だ。朝食にはチョリソー［辛いスパイス入りソーセージ］と卵が定番だった。それからノパーレス［食用サボテン］。グリーン・チリソースで煮込んで卵を混ぜたチチャロン［豚バラの煮込み］。トルティーヤがくたくたになるまで煮詰めたミガス［トルティーヤと野菜や肉の残り物と卵の炒め煮］。

　おやじはあまり食い物に興味がなかった。毎日仕事から帰ってくると、ただ黙って食うだけ。いわゆる典型的な「メキシコの頑固おやじ」ってやつだ。男兄弟が5人いたが、うちのファミリー・チームの野球カードを作るとしたら、ポジションは全員「マッチョ」だっただろう。当時は誰もが、女は家にいて料理をするもの、と当然のように考えていた。女が外に働きに出るのは、男の稼ぎだけでは食っていけない家だけ。だからおれが「母ちゃん、レストランを開こうよ！」と言い出して、どんな料理を出そうとか、どんな店にしようとか話し始めると、おやじは決まってこう言うのだ。「なんで店なんか出す必要がある？　この家には立派な台所があって、最高の『オキーフ＆メリット』のコンロがついてるだろう！」（「オキーフ＆メリット」のコンロは50年代に大人気だった調理器具で、今ではコレクターズアイテムになっている——嘘だと思うなら、eBayをのぞいてみるといい）。「おまえたち2人してその立派な台所で、なんでも好きなものを作ってりゃいいじゃないか」。その言葉で、おれたちの夢は一瞬にして消し飛んだ。

　12のとき、俺の人生は大きく回り道をすることになる。父親のいちばん下の弟、ギルバート叔父貴とつるみ始めたからだ。叔父貴はおれのヒーローだった——ボクシングを

教えてくれたのは叔父貴で、すぐに俺は自分が生まれながらのボクサーだということに気づいた。だが、クスリや盗みの世界に俺を引きずりこんだのも叔父貴だった。俺たちは文字どおり相棒になって、悪事を重ねた。そのうち、ドラッグをやり続けるために盗みを働くのか、盗みを続けるためにドラッグをやるのか、自分でもよくわからなくなった。

　だがどんなときも変わらず、おふくろは俺のために台所

に立ち、カルネ・アサーダやチラキレス［揚げた残り物のトルティーヤにソースをかけたもの］を作ってくれた。連れと外で大騒ぎしたあと、夜中の1時や2時にみんな連れだって俺の家の台所へやってくる。最初おふくろは、「なんなのよ、こんな遅くまで遊び回って！」と怒鳴りつける。だがそのあとすぐに、「とにかく無事に帰ってきてくれてよかったよ」と満面の笑みを浮かべて、うまい料理を作ってくれるのだ。台所はいつだって安全な避難場所、トラブルから逃れて心を落ち着けられる場所だった。

だが、いつまでもトラブルから逃れてはいられなかった。結局俺は、武装強盗とドラッグ売買の罪で刑務所に入ることになった。ソレダード刑務所とサン・クエンティン刑務所で、俺はボクシングの腕を十二分に生かし、ライト級とウェルター級のボクシング・チャンピオンになった。勝つために、俺はいつもしっかりと食事をとるようにした。ときにはわざわざ食べに行かなくても、まわりの奴らが食べ物を持ってきてくれた。土曜日になると、刑務所では「食事会」が開かれる。ムショの中でやるピクニックみたいなもので、檻の中にいる受刑者にとってはささやかな憩いのひとときだ。それに参加するのは、おもに家族と疎遠になったり、妻や恋人と別れたりして、誰も訪ねてくる面会者がいない者だった。参加者どうしが仲良くなり、みんなが会を楽しみにして、いろんな食べ物を持ってくるようになった。ムショ仲間の「持ち寄りパーティー」さ。映画『グッドフェローズ』の中に、男たちがテーブルのまわりに座り、山盛りのイタリア料理を飲み食いする場面があっただろう？　もちろん、あんな豪勢な料理ってわけにはいかない。それでも、麺類を持ってくるヤツや、パンやチョコレートを持ってくるヤツ。こっそり持ちこんだ安酒や、自家製のプルーノを持ってくるヤツもいた。プルーノっていうのは、砂糖とカフェテリアの残飯を発酵させて作るムショの密造酒だ。そんなものをムショの中庭に並べて、俺たちはピクニックをした。

11年ばかり刑務所を出たり入ったりしていた俺が、酒とクスリを一切断ったのは、その最後のころだ。そのときのことを、俺ははっきり覚えている。68年、シンコ・デ・マヨの祝日［5月5日、メキシコ軍のフランス軍に対する勝利を祝う記念日］のことだった。俺はクリーンになって、人助けに命を捧げると誓いを立てた。それから1年後に出所すると、やはりクリーンになると決めたムショ仲間やほかの奴らと一緒に働き始めた。職場は建設現場で、ドラッグ・カウンセラーにもなった。

カウンセラーとしてクリーンな暮らしができるよう面倒をみている奴らのなかに映画のセットで働いている奴がいて、ある日そいつが自分の働いている現場に来てくれないかと言ってきた。80年代半ばの映画のセットは、どこもかしこもドラッグだらけだ。そんな環境で自分がドラッグに手を出さないよう見張ってくれと、そいつに頼まれたのだ。そこで俺はセットに出かけていき、映画の撮影を間近で見ることになった。

撮っていたのは、エリック・ロバーツ主演の『暴走機関車』っていう映画だ。映画の舞台は刑務所の中で、俺にとっては懐かしい光景だった。さてそこで、なんの巡り合わせか、脚本家がおれの古いダチのエディー・バンカーだということがわかった。エディーは昔、サン・クエンティンで一緒に刑期を務めた仲だったんだ。エディーは俺に気づき（まあ、目立ってたんだろうな）、俺がボクサーだったことを思い出した。それで、主演のエリック・ロバーツにボクシングを教えるトレーナーとして、俺を雇ってくれることになった。すると監督のアンドレイ・コンチャロフスキーが俺の見た目を気に入り、ファイターの役に抜擢してくれたんだ。それが、俺の役者としてのキャリアの始まりだ。

そのあと俺のところには、ご存じのような役が回ってくるようになった——映画のエンド・クレジットに「悪人1」とか「強面の男2」とか「タフガイ3」とか出るようなやつだ。そしてついには、ロバート・ロドリゲスとクエンティン・タランティーノの『フロム・ダスク・ティル・ドーン』でレイザー・チャーリーを演じたり、マイケル・マン監督の『ヒート』でトレホ、『スパイキッズ』や『マチェーテ・キルズ』ではマチェーテといった当たり役を演じたりするまでになった。

そうして30年が経ち、300本の映画に出演したあと、『バッド・アス』という映画でプロデューサーのアッシュ・シャーと仕事をすることになった。アッシュが手配してくれるケータリング（いわゆる「ロケ弁」ってやつだ）は、たいていのプロデューサーよりかなり質がよくて、いつもフレッシュ・サラダや野菜や魚のグリルが用意されていた。俺は健康のため食事には気をつかっていて、特にヘルシーなスプレッドが大好物なことにアッシュは気づいていたらしい。ある日一緒に夕食を食べていると、不意にアッシュがこうきいてきた。「ダニー、レストランを開いてみないか？」その瞬間、おふくろの声が聞こえたような気がした。俺の全身に震えが走った。だが、そのときはあまり真面目には受

けとらず、冗談まじりにこんな返事をして済ませた。「おう、いいな。じゃ店の名前は『トレホズ・タコス』だな！」本当にそのときは、冗談だと思っていたんだ。ところが、アッシュは本気だった。その6か月後、アッシュはきちんとしたビジネス・プランを抱えてやってきた。それがまた、最高のプランだったんだ。それから数年にわたり、俺たちは新しいLAスタイルのメキシコ料理のことをいろいろと勉強した。そうして学んだ知識を、この本でたくさんの人たちと共有していきたいと思っている。

さて、どんなレストランを作ろう？　と考えたときに、俺の頭に浮かんだのは、誰もが心から歓迎されている気分になれ、しかもうまいものが食べられる場所にしたい、ということだ。あと、ハリウッドで暮らすうちに学んだことがひとつある。それは、世の中には食事制限を抱える人間がものすごく多いということだ。映画を1本撮り終わって、10人のメンバーで打ち上げに行くとすると、その10人の食事の好みがみんな違う。ひとりはグルテンフリー、ひとりはベジタリアン、さらにパレオダイエット［旧石器時代食］、ケトジェニックダイエット［ケトン体濃度を高める高タンパク・高脂肪・低糖質食］、ヴィーガン［厳格な菜食主義］、低炭水化物食……そんな感じだ。だからレストランのメニューを考えるときには、食の好みが違う人が10人同じテーブルについても、必ず全員満足がいき、しかもうまいものを頼めるよう細心の注意を払うようにした。

有名人が出すレストランというと、みんながどんなイメージをもつかは大体わかっている。たいてい店に自分の名前がついていて、1年もするとさびれて閉店だ。だが俺の店は違う。『トレホズ・タコス』は名前だけのお飾りの店じゃない。この店は言うなれば、ロサンゼルスへのラブレターだ。ラ・ブレアに最初の店をオープンしたときには、1ブロックもぐるっと店を取り巻いて行列が続いた。『ピンクス・ホットドッグズ』並みの人気だが、うちの売りはタコスだ──しかも、おそらくメキシコの外にある街の中でいちばんタコス屋の多いロスで、この人気を誇っている。みんなによく、「成功の秘訣は？」ときかれるが、おれはいつもこう答える。「秘訣なんてないさ……あるのはうまい食い物だけだ！」

ときどき目を覚まして、ふと、これは現実ではないんじゃないか、と思うことがある。そのうち誰かに揺り起こされて、「おい、ダニー起きろ。メシの時間だ」と言われ、まわりを見回してみると、そこは刑務所の中だったりするんじゃないか、とね。だが幸い、そんなことは起きていない。俺は毎朝目覚めると、今日も1日いい仕事をしよう、と神様に祈りを捧げる。人を助け、ファンの写真ににこやかにおさまり、店に行ってみんながちゃんと望みどおりのタコスを食べられているか確認する。

ある意味、俺は夢の中に生きていると言っていい。よくこう言うんだが、俺に起きた幸運なできごとはすべて、誰かを助けたおかげだ。最初に言ったように、肝心なのは始まりじゃない、仕上げさ。

だがな、『トレホズ・タコス』は、まだ始まったばかりなんだ。

How to Cook

the
Trejo Way

トレホ流料理スタイル

ミックスとそがメキシカン

今みんなが手にとってくれているこんな本が、20年前にもあったら……つくづくそう思う。そうしたら、俺の人生ももっと楽に行っていたに違いない。だが、当時そんなものはなかった。まだアメリカのどこにも、現代メキシコ料理革命が起こる兆しは見えなかった——ヴィーガン・カリフラワー・タコスなんぞ、誰も見たことも聞いたこともない時代さ！ ところが今じゃ、メキシコ料理の本が何百冊も出回り、正真正銘の正統派メキシコ料理だの、メキシコ郷土料理だの、有名シェフのアレンジ版、お手軽、超絶技巧、ヘルシー、ありとあらゆるものすごい種類のメキシカン・レシピが何の苦もなく手に入る。だが俺の本はそういうのとはまったく違う。この本には、ヘルシーな料理、メキシコ風料理、ヴィーガン風料理が全部ごちゃ混ぜになっていて、それより何よりとにかくうまい。それこそが『トレホズ・タコス』の売りなんだ。

俺はしばらくひとりで子どもを育てていたことがあり、その頃は子どもたちのために俺が料理を作っていた。だが白状すると、じつは少々ズルしてた。よくやってたズルのひとつは、「ハングリー・ジャック」のパンケーキミックス（ほら、あるだろ、箱入りで「水と混ぜるだけ、カンタン調理」ってやつ）を買ってきて、子どもたちをダイニングにすわらせ、キッチンからこんな風に呼びかける。「さあ、今からパンケーキ作るからな！」。

みんなのいるダイニングからは、俺の手元は見えない。で、俺はドアのところまで行って、わざと粉をもうもうと舞わせる。いかにも自分で粉を混ぜてるっぽいな。そこでドアから頭を突き出して、「いいか、ちょっと待ってろ」と言うと、今度は大きな音を立ててフライパンを出してこう言う。「大丈夫、もうちょっとだぞ」。最後に、これくらいのサイズの（両手をいっぱいに広げた俺の姿を想像してくれ）パンケーキを山のように積み上げて俺がキッチンから現れると、子どもたちは大喜びだ。「すごい！ パパのパンケーキ最高！」。

そのうち箱が見つかってバレちまったが、それまで子どもたちはみんな、俺がバターを作るとこから手作りしてると完全に信じてた。

今でもやってることは、あまり変わらない。もちろん料理することは大好きだが、現実的には、仕事が忙しくてほとんど時間が取れないんだ。その代わりに、幸い『トレホズ・タコス』にはすばらしく才能にあふれたシェフのチームがいて、メキシコ家庭料理の真髄を見事に再現したメニューを考え出してくれる。ときどき料理をしたい気分に

なると、どこかの店のキッチンに立って、チキン・ケサディーヤやカルネ・アサーダ・タコスにちょっとアレンジを加えたヤツをササッと作ってみる。これを読んでいるみんなも、そんな感じで料理に取り組んでみればいいと思う。

うまく味付けした肉のマリネや、自家製のサルサみたいな料理の基本になるものさえあれば、そこから何でも好きなようにアレンジしていけばいい——ブリトーでも、タコスでも、ボウルでも、ケサディーヤでも。そういう料理へのアプローチの仕方は、ちょっと役者の仕事に似ているかもしれない。基本の台本に忠実にやらなければならないときもあるが、好きなように即興でやったほうが意外といい味が出たりする。この本があれば、そのどっちもできるんだ。

昔むかし、メキシコ人の母ちゃんたちは、一日中台所に立っていた。そうしておやじが家族の食いぶちを外で稼いでくるあいだ、おふくろが作っていたような、手のこんだごちそうをテーブルに並べた。今はどの家族でも、食いぶちを稼ぐ人間はひとりじゃない。それはそれですばらしいことだ！ だがそれは、家族全員が忙しくなっているということでもある。だから、みんながうちのおふくろのように、またはうちの店のシェフのように、一日中台所に立てるとは思ってない。そこで役に立つのが、ミックスって考えかただ。

たとえば豚肉をうちのレシピでカルニータスにして、米といっしょに食べる。ブラックビーンズを米に混ぜこんで、ピコ・デ・ガヨを作れば、立派な夕食のできあがりだ。または、昨日頼んだ中華のテイクアウトで残った蒸し肉や米に、店で買ったサルサをかければ、それだけで十分うまく

なる。

　この本に載せるレシピは、うちの店で仕込んでいるとおりに書いてある。実際、中には少々手間がかかるものもあることは事実だ。だが、手間をかければ、それだけ味に深みが出る。もちろん、全部の料理にいちいち手間をかける必要はない。気が乗らない日は、やめておけばいい。レシピになんて書いてあろうと、自分のやりやすい方法で、自分にとっておいしくできれば、何よりそれがいちばんだ。

　この本は、俺のレストランやタコス・トラックの要となっている考えかたを、レシピ集の形にしたものだ。あとはみんな、好きなようにアレンジしてくれ。ヘルシーな食事が食べたい？　じゃあヴィーガン・メニューで。スパイスをガッツリきかせたリッチな風味のブリトーとマルガリータが好み？　大丈夫、どっちもレシピにある。それを自分のやりたいように使えばいい。本の中には、このサルサとあのタコスを組み合わせろ、とか書いてあるかもしれないが、そんなの気にせず、自分が食べたいと思ったとおりに作ればいいんだ。ブラウンライスの上にカシュー・クレマをかけたいと思ったら、そうすればいいし、あの鼻にツンとくるのがイヤなら、タマネギのピクルスは入れなくてかまわない。

　つまり、レシピっていうのは厳しい決まりではないが、なんでも好き放題やっていいってものでもない。ライス・プディングにディアブロソースを入れちまうのは、やめといたほうがいいだろう。いやまあ、入れたきゃ入れてもいいんだが。おれがそういうこと言えた義理じゃないよな。うちの店にはナチョス味のドーナツとか、ハラペーニョやホットソースやチェダーチーズがけのドーナツも置いているんだから。でもこれが意外といい味出してて、うまいんだ。ときにはルールを破って、それがうまくいくときもある。だから、みんな好きにやればいい。ひょっとしたらそのうち、スパイシーなライス・プディングのトレンドが来るかも知れんしな！

　この本では、うちのレストランのバックヤードの秘密も明かしている。だからこれを読めば、うちのチームがどんなふうに考え、どんなふうに仕事をしているかが学べるはずだ。うちの店の人気が衰えないのには、理由がある。練りあげられた行動やツールやテクニックが、それを支えているんだ。もちろん、誰もがプロのシェフみたいに考える必要はないが、厨房の仕事を動かすもとになっている考えを知っておいて損はない。うちのシェフたちは、うまい料理を考えだすときに、味や食感のコントラストを重視する。

相反する要素を組み合わせることによって、味が単調になったり、くどくなりすぎたり、辛くなりすぎたりするのを防ぎ、最後のひと口まで飽きずにどんどん食べられるようにするんだ。単純な理屈さ。自分と家族のための夕食だろうと、キンセアニェーラ〔女の子の15歳を祝う習慣〕の祝いの宴だろうと、まかないのバーベキューからヘルシーなランチまで、この本の中には必ずヒントになる料理が見つかるはずだ。

　自分の店をもつ前も、俺はうまい料理が大好きだったが、いわゆる「グルメ」ってヤツではなかった。自分の好みはよくわかっていたが、なぜそれがうまいと思うのか、その理由を詳しく人に説明することはできなかった。だがうちの店のシェフ・チームと仕事をするうちに、「グルメ」の知識や専門用語も多少はわかるようになった。いまじゃ、自分の考えをかなりうまく表現できるようになったと思う。

　たとえば、ワカモレ。こいつは風味と食感のコントラストがすべてだ。いいか、まずよく熟れたアボカドはそれだけでめちゃくちゃうまい。リッチな風味が抜群でねっとりしている。ただ、そのままひと口かじってみるといい。あと10口食べたいか？　そうは思わないだろう？　そのままじゃちょっとくどいし、正直言ってすぐ飽きる。そこにパラッと塩をかけると、ほんの少し甘みが出て、風味が増す。さらにライムをひと絞りすれば、ほら、またひと味変わる。今度はピリッと刺激がくるが、それでもリッチで甘じょっぱい風味に変わりはない。トルティーヤ・チップスでそれをすくって食べると、今度はチップスのザクザクとした食感と、これまでとは違うコーンの甘み、プラスまた別の塩味が加わる。そうやって食べていくと、あっという間に10口、もうボウルはからっぽだ！　なかなか奥が深いだろう？

　だが、これは基本のワカモレだ。トレホバージョンでは、これにさらにピスタチオ（カリカリに煎ったやつで、塩気があって素朴な風味）と、セラーノかハラペーニョ（辛くてツンとした刺激があって主張が強い風味）、みじん切りのタマネギ（ツンとする辛味があって鋭い風味）を入れる。これこそ正真正銘奥の深いワカモレだ！　タコスもブリトーも、前菜もケサディーヤも、ボウルも全部組み立てかたの理屈は同じだ。甘みのあるトルティーヤに、風味ゆたかな肉か魚、新鮮なサルサ、ザク切りの野菜を山盛り。その組み合わせをどの料理でも繰り返す。どうだ、うまそうだろう？　こんな話術を身につけられたのも、みんなうちのチームのおかげなんだ。

Pacoimas Art Revolution
Artist:
Levi Ponce
ASSISTANTS:
R@H
KRISTY SN

『トレホズ・タコス』のキッチン

トレホ流料理に欠かせない食材

俺はとにかくまっすぐな男として知られている。当然、食べ物もまっすぐなのがいい。料理の名前も、そのものズバリをつけるに限る。「カルネ・アサーダ」は「焼いた肉」って意味だ。こういう名前がいちばんいい。まさにそういう料理だからな。『トレホズ・タコス』のメニューも、全部そんな感じだ。どれも名前を見れば、何を食っているかすぐにわかる。そして材料もすべて新鮮で、余計な手を加えていない、本物の食べ物ばかりだ。だから柑橘系の味つけが欲しいと思ったら、本物のライムを使う。小さなプラスチック製のライム型のボトルに入った、加工済みのジュースじゃない。実際、サルサにマリネにマルガリータと、うちの店ではふんだんにライムを使う。コリアンダーなどのスパイスも新鮮な生のものだけ、ビン入りの何が入っているのかよくわからん「ファヒータ・シーズニング」みたいなヤツはお呼びじゃない。うちで使う豆にはラードなんか加えてない。本物の豆を水で戻して使うだけ。俺が食べたいのは、うまくてクリーンな食べ物だけだ。俺みたいな人間は、たくさんいると思う。もちろんヘルシーに食べることも大事だが、わがままいしたいと思った時には、好きなように食べればいい。ただし、料理の味をいちばん高めるためには、一にも二にも新鮮な材料を使うことが重要だ。『トレホズ・タコス』では、つねにいちばん新鮮な旬の素材を使い、そこにスパイスやハーブやトウガラシを大胆に使って、みんなの印象に残るような料理を提供するよう心がけている。

ロサンゼルスでは、あらゆる種類のとれたての野菜や高級食材がいつでも手に入る。伝統の飼育法で育てた牛の肉や在来作物を売るファーマーズ・マーケットから、ラテン地区の昔ながらのカルニセリア（精肉店）やメルカード（市場）まで、店だって選び放題だ。オックステールにお手ごろな切り落とし肉、いろんな種類の生やドライのトウガラシ、それこそ買えないものは何もない。

だが『トレホズ・タコス』で使うのは、ごく普通の食品ストアでも手に入るようなものばかりだ。クミン、トマト、コリアンダー、ハラペーニョ、タマネギ、ニンニク。これこそメキシコ料理に欠かせない基本中の基本の素材であり、店でもこの本のレシピでも繰り返し名前があがる。うちのお気に入りのブランドはどこかという話から、最上級の肉と野菜を手に入れるにはどこへ行けばいいか、それを余すことなく活用するにはどうすればいいかというヒントまで、たくさんの情報をこの本には詰めこんでおいた。

The **SPICE CABINET**

ここにあげたのはごくおなじみの素材ばかりだが、なんといっても登場回数が多いので、少し説明しておこうと思う。もちろん誰でもよく知っているだろうが、それがどうはたらくかをきちんと理解することで、料理の腕がぐんと上がるし、うまくできることがわかれば、俺のレシピで繰り返し作りたくなる。それは、クラシック・カーをカスタムするのにちょっと似ている。車にもともとついているタイヤや塗装やキャブレターが気に入らなけりゃ、自分の好みに合うように直せばいい。ただし、それには直す理由と方法をしっかり理解しておくことが必要だ。

乾燥スパイスのいい点は、長持ちすること。ビンのフタをちょいとひねれば、いつだって好みの風味をどんな料理にもプラスできる。ただ、いくら常温で長持ちするといっても、永久に使えるわけじゃない。たいていの粉末乾燥スパイスは、6か月もすると風味が落ちる。だから、常備スパイスの入れ替えは定期的にやるようにしよう。クミンとかコリアンダー・シードとかコショウの実といった丸のままのスパイスなら、1年はもつ。使う前にいちいち挽いて粉にする必要がある（すり鉢でするか、グラインダーを使う）が、最初から挽いてあるやつに比べると、あきらかに香りが立っていることに気づくはずだ。食器棚や引き出しにスパイスをしまう場合は、なるべく熱と光にさらされない場所

を選ぶと、香りの劣化を多少なりとも防ぐことができる。

✛ 黒コショウ

最初から挽いてある粉の黒コショウは、ゆめゆめ、絶対に、買うな！　あれは丸のコショウの実とはまったくの別物だ。本物のコショウの実には、もちろんあのなんともいえない複雑な、ピリッとした風味があるが、それだけでなくレモンや花を思わせるような香りもする。たしかにグラインダー（コショウ挽き）を使う必要はあるが、なければ重めの鍋の底でつぶすだけで、香り高い粗挽きコショウのできあがりだ。より刺激の強い、はっきりした味を好む料理人の中には、わざわざコショウ挽きを使わずに鍋底でコショウをつぶすヤツもいるくらいだ。

使いかた　肉や野菜やソースを調理する前に挽きたてのコショウをまぶすと、繊細な辛味の土台が作れる。

✛ コリアンダー

コリアンダー・シードはハーブとして使うコリアンダーのタネで、オレンジと土とコショウっぽい風味があり、豚肉や鶏肉や魚の料理に合う。ほんの少し加えるだけで大きな効果があって、料理に複雑な味わいを付け加えてくれる。

使いかた　鍋で炒ったり、挽いて細かくしたりしてから、カルニータスや魚のソテーに隠し味として加える。

✢ クミン

『トレホズ・タコス』で出すマリネやソースには、このジャコウと土の香りと甘みのある、風味たっぷりのスパイスが欠かせない。ただ、うちのレシピでは、あらかじめ挽いたクミン・パウダーを使うこともある。手ごろに使えるし、風味があまり強すぎないほうがいい場合もあるからだ。だがなかには、丸のままのクミン・シードを使ったほうがいいレシピもある。クミン・シードのほうがオイルが多く含まれているため、より香りが高く、強い存在感で料理に強烈な個性を与える。

　もしもクミンを一種類だけ買うとしたら、シードにすることだ。鍋で炒って細かく挽けば、いつでも信じられないほど香りの立つクミン・パウダーが手に入る。

> **使いかた**　肉やソースに、土の香りと甘くて深みのある風味を加えたいときに使う。

✢ 生オレガノ／乾燥オレガノ

うちの店で使うのは、世間でひろく使われている地中海産のオレガノではなく、メキシコ産のオレガノだ。地中海産のものは甘味があって、少しリコリスに似た風味があるが、メキシコ産のものは花と柑橘系の草っぽい香りが強い。メキシコ産のオレガノが手に入らない場合は、もちろん地中海産のオレガノを使ってもらってかまわない。ただうちの店では、メキシコ産の味を好むというだけの話だ。

> **使いかた**　肉やマリネにハーブの風味を加えたいときに使う。

トウガラシ（チリ・ペッパー）
CHILES

トウガラシにはいろんな色や味、大きさ、辛さのものがあり、メキシコ料理を代表する食材のひとつと言っていい。うちの店では、生のやつも干したやつも、缶詰も挽いたやつも、種類にかかわらず大量に使う。

✢ ハラペーニョ・ペッパー

みんなが知っているおなじみのトウガラシ。ピクルスにしてエスカベッシュに入れたり、生をみじん切りにしてサルサやワカモレやマリネに入れたりと、何にでも役に立つ万能選手だ。ハラペーニョは、というかそれを言うならどんなトウガラシもそうだが、個体によって辛さの度合いが違うので、どれくらい料理に入れるかは、少し味見をしてから決めたほうがいい。レシピには料理の味を打ち消してしまわない程度の基本の量が書いてあるが、自分の好みに合わせて増やしてもいいし、減らしてもいい。辛いのが苦手な場合は、ハラペーニョを縦半分にして、辛さの源である種とワタを取り除いてから、半月切りにしたりみじん切りにしたりするといい。レシピにハラペーニョのピクルスを使えと書いてあったら、缶詰が便利だ。

> **使いかた**　砂糖と酢に漬ける。フレッシュ・サルサに使う場合は、生のものを刻む。サルサのピューレに入れる場合は、オーブンで焼いてから刻んで混ぜる。サラダに入れる場合は、グリルや直火でこんがり焼いて加える。ナチョ・チーズ・ドーナツに入れることもある。

✢ 生セラーノ・ペッパー

この魚雷型をした緑色のトウガラシは、小さいが相当辛い。ハラペーニョの10倍か、それよりもっと辛いものもある。風味はピリッとして刺激があるが、同時に花のような香りもする。この特徴を生かして、賢く使うこと！　セラーノ・ペッパーはなりが小さくて細いので、種とワタを取り除くのにはかなり根気がいる（もちろん不可能ではないが！）。ただ辛さを減らしたければ、できるだけていねいに取り除いたほうがいい。

✢ 乾燥アルボル・ペッパー

このとんがった赤いトウガラシには、乾燥と生の両方がある。乾燥したもののほうが、辛味はそのままで甘味が強くなるため、うちの店では乾燥アルボルを使っている。

> **使いかた**　弱目の中火にかけたフライパンで、乾燥アルボルを香りが立つまで3分ほど炒る。火からおろしてパリッとするまで冷まし、細かく刻めば、スーパーでよく見るメキシコ風チリ・フレークのできあがりだ。うちの店では、この乾燥アルボル・フレークを肉にすりこむスパイスとしてよく使う。または刻まずそのまま柔らかくなるまで20分ほど熱湯に浸けて、裏ごししてからソースやサルサに加える。

✢ 生ポブラノ・ペッパー

ポブラノ・ペッパーは大きめでさほど辛くない。その深み

と甘みの混じった辛さは、直火で炙ると一段と引きたつ。

使いかた 炒って裏ごししてからサルサに加えたり、生のまま刻んでフレッシュ・サルサに入れたり、炒ってチーズがけマッシュポテトに混ぜこんだりする。

✛チポトレ・チリ・パウダー

チポトレ・パウダーは、赤く熟したハラペーニョ・ペッパーを乾燥させ、燻してから細かい粉末にしたもののことをいう。そうすることにより、甘味と辛味とベーコンのようなスモーキーな風味をもった、深みのある香辛料ができあがる。チポトレがあんまりうまいので、その名のついたメキシコ風レストラン・チェーンがあるくらいだ。

使いかた この甘味のあるスモーキーな辛味を、肉のもみだれとして使う。

✛チポトレ・ペッパーのアドボソース漬けの缶詰

缶詰のチポトレは、燻製にした赤ハラペーニョを、トマトとニンニク、タマネギ、酢で作った甘味のあるピリ辛ソースで煮たものだ。チポトレの辛味には、強烈なパンチがある。ハラペーニョを刻んで、香り高いソースとともにサワークリームに加えるのもいいが、そのままタコスのトッ

ピングにすれば手軽にいろんな味の競演が楽しめる。

ただし缶詰のチポトレはおそろしく辛いので、使う量に気をつけたほうがいい。ほんの少し加えるだけで、十分効果を発揮できる。

使いかた ソースやサルサに辛味と深い味わいを手軽に加えたいときにぴったりだ。

豆と米
BEANS *and* RICE

✛豆の缶詰

べつに豆の缶詰を使うことに罪悪感を感じる必要はない。ざるにあけて流水でよく洗い、缶詰の汁のぬめりを洗い流して、よく水を切ってから使う。

使いかた すでに煮てあるので、そのままサラダに混ぜてもいいし、コンロで温めてからつぶしてリフライド・ブラック・ビーンズにしてもいい。

✛乾燥豆

言うまでもないが、乾燥豆を使うほうが缶詰の豆を使うよりはるかに安くすむし、味と食感もずっといい。ニンジンやセロリ、タマネギ、トウガラシ、ニンニクといった香味野菜といっしょに煮ると、いい香りもプラスできる。週末に時間があるときは、ブラックビーンズやウズラ豆、赤イ

ンゲン豆を大鍋で煮ておくといい（170ページ参照）。それか小さいピンキート豆を使ってもいい。カリフォルニア中部海岸の北のほうでは、伝統的なサンタ・マリア・スタイルのバーベキューのつけあわせにこのピンキート豆を使う。乾燥ブラックビーンズより多少早く煮上がるし、とても柔らかくなる。

ランチョ・ゴルドはアメリカで最高の乾燥豆を扱うブランドだ。たくさんのレストランに、最高に新鮮な乾燥豆を卸している。そう、乾燥豆にも新鮮なやつとそうでないやつがあり、ランチョ・ゴルドの豆には品質保持期限がきちんと明記してあるほどだ。袋入りの豆をよく見て、しなびていたりカラッカラに干からびていたりしたら、買わないほうがいい。古い豆は、何時間煮込んでも芯があってしっかり柔らかくならない。

❖米

うちの店では、カリフォルニア米を使うことが多い。世界の他の地域で育てられた米には、高レベルのヒ素が含まれている場合があるからだ。ヒ素は土壌に天然に含まれている成分だが、輸入米にはその成分が濃縮されている可能性がある。栄養的に最高なのは玄米だが、かなり嚙みごたえがあり、少し香ばしいその風味が苦手な人もいる。どうも好きになれないという人は、もちろん精白した長粒米やバスマティ米［長粒種のインディカ米］を食べてもらってかまわない。

うちのレストランではさまざまな味の層を重ねて料理を作りあげるため、この本に載せた米のレシピも、米の袋の裏に書いてあるような調理方法よりは多少手がこんでいる場合がある。時間がないときは、ただ白米や玄米を炊くだけでいいし、なんなら中華のテイクアウトで代用してもOKだ。

油
OIL

これから作るのは、イタリア料理ではなくてメキシコ料理だ。だからエキストラバージン・オリーブオイルは、特に必要だと言うまでしまっておくこと！ うちのキッチンで使う油は、軽ければ軽いほどいい。今では多くのレストランや家庭でエキストラバージン・オリーブオイルが定番となっているが、中性油［大豆油やキャノーラ油、コーン油などの淡白な植物油］のほうがほかの素材の味が引き立つ。うちで特に好んで使うのは、中性油の中でもリッチな風味をもつキャノーラ油だ。うちのレシピにもオリーブオイルが使われているものはある（実際、その塩とバターの風味の効いたリッチな香りが欲しい場合もよくある）のだが、そういうときにもたいていはエキストラバージンではないものを使っていることに注意してほしい。ピュア・オリーブオイルのほうが風味がまろやかで使いやすく、おまけに安い。ただし、高温で加えると煙が立つので、あまり高温では使わないようにしよう。

塩
SALT

塩にはじつにさまざまな種類があり、塩のタイプやブランドによって結晶の形も大きさもそれぞれに異なる。この本のレシピで使ったのはダイヤモンド・クリスタルのコーシャー・ソルト［ユダヤ教の基準にのっとって作られた自然塩］で、読者のみんなにもぜひ同じものを使うことをお勧めする。この塩はあらゆる塩のなかでいちばん塩からくなく、間違って塩を入れすぎてしまうようなミスが起こりにくい。ダイヤモンド・クリスタルのものが手に入らなければ、普通の食卓塩を使っていいが、量は半分に減らすこと。モートンのコーシャー・ソルトを使う場合も、ダイヤモンドよりかなり塩からいので、量は半分にしておこう。

肉の基本
どんな肉（と魚）を使う？

うちのおふくろは、よくクラブステーキを焼いてくれた。といっても、しゃれたクラブで出されるようなヤツじゃなく、貧乏人にも買えるような安いショートロイン肉のことだ。だがおふくろはその安い肉にスパイスをまぶし、マリネして、魔法のようにうまいステーキを作りだした。大きくなるまで、俺はフィレ肉ってのがどんなものなのか知らなかった。俺の記憶のなかにあるクラブステーキは、「最高級」ステーキの対極に位置する、最安の肉だ。だが、その調理におふくろがこめた愛と気づかいのおかげで、どんな肉よりも最高にうまかった。今でも俺はステーキを注文するとき、焼き加減の温度よりもとにかく「ジューシー」に仕上げてくれ、と言う。おふくろのクラブステーキは、

何よりもまず最高にジューシーで、それこそが俺を満足させてくれる完璧なポイントだったからだ。

　一般的なステーキハウスは、高い最高級肉の分厚さを競い、それをグリルで焼いてベイクトポテトと一緒に出す、というのが定番だが、メキシコ料理では、比較的手ごろな値段の肉をいかにうまく料理するかが腕の見せどころだ。そういう肉はもともと固いが、マリネしたり、スパイスを擦りこんだり、塩水につけたり、蒸し煮にしたりすることで柔らかくなり、風味たっぷりのジューシーな肉に変わる。そして、そのパンチの効いた味は、サルサやほかのメキシコ風アレンジにも負けない強烈な存在感を放つのだ。

　想像してみてくれ。ステーキハウスで出されるステーキは、ジューシーで分厚いが、たいていは塩味で、付け合わせはせいぜいポテトとシンプルなサラダだ。だがカルネ・アサーダ・タコスは、それよりはるかに複雑だ。コーン・トルティーヤの甘みに、タマネギのピクルスの甘酸っぱくてピリッとしてザクザクした食感。パリパリのみじん切りの白タマネギと、フレッシュなピコ・デ・ガヨの甘辛い味の後には、ハラペーニョの辛さとライムの香りが残る。そしてそこに、真打ちの肉の登場だ。ジューシーで焼き目がついた肉は、土とジャコウの香りをもつクミンと、深い辛味のあるアルボル・チリ・ペッパーのかもしだすスモーキーな風味をまとっている。これぞまさにメキシコ料理の魔法だ。シンプルな材料が、特別な料理を生みだすのだ。

　この本のレシピで使う肉とシーフードについて、次にいくつか説明しておこう。

牛肉
BEEF

✥ ブリスケット（カタバラ）

ブリスケットは牛肉の中でも最も固い部位だ。肉といってもほぼ胸筋のことで、牛の重い体重をしっかり支えるはたらきをしている。それは目を見張るようなどっしりした筋肉のかたまりで、たいてい2〜3キロ（5〜7ポンド）はある。

週末などの時間のあるときに仕込んでおくといい。とっさに思い立って調理できる肉ではないが、いちどにたくさんできるので、大きなパーティーのときなどに前もって用意しておけば、直前にあまり手をかけず大勢に料理を出すことができる。

✥ カルネ・アサーダ

スペイン語が達者な人間でなくても、カルネ・アサーダが「焼いた肉」という意味だと聞けば、どんな料理かってことぐらいは想像がつくだろう。また、フランクステーキ（ササミ）の切り身のことをいうのに使われる場合もある。ブリスケットと同じように、フランクステーキも結合組織の繊維が多く脂肪がついているが、かなり薄いため、グリルやフライパンでさっと調理することができる。この部位を柔らかくするコツは、調理前にマリネすること、また調理後には繊維の筋を切るようにスライスすることだ。こうすることで、ジューシーさを保ったままひと口サイズに切り分けられる（筋に沿って切り分けてしまうと、嚙み切れなくなる）。フランクステーキが手に入らない場合は、フラップミート（カイノミ）などを使ってもいい。

使いかた　バーベキューや日常の夕食にサッと焼ける、超お手軽な肉だ。塩コショウを少々ふって、仕上げにライム汁をかけ、ピコ・デ・ガヨかサルサをかけて食べる。

✥ 骨つきリブアイ

メキシコ料理ではあまりこういう肉は使わないが、『トレホズ・カンティーナ』ではステーキハウスのように骨つきリブアイをメニューに載せることもある。このリブアイには、トレホのステーキソース（54ページ）がよく合う。うちではいつだって、A1ソースの代わりにトレホのソースを使っている。リブアイは安い肉の正反対で、強火で細心の注意を払いつつ、手早く調理することにより柔らかくなる。完璧にジューシーなミディアム・レアまたはミディアムに仕上げるためには、一にも二にもタイミングだ。それさえ気をつければ、表面はカリッと焼き目がつき、中は柔らかくてジューシーなステーキが焼きあがる。

　店で肉を買うときは、できる限り分厚いやつを探すか、肉屋に切ってもらうといい。うちで出すステーキの厚さは約4センチ（1½インチ）だ。これなら中まで火を通しすぎることなく、いい感じの焼き目をつけられる。リブアイにはブリスケットやフランクステーキのような繊維はないが、かなり脂肪のサシが入って霜降り状態になっている。だか

数百本に及ぶ結合組織の繊維が全体に走っているため、調理方法を間違えると死ぬほど固くなって嚙みきれない――が、正しく調理すれば、信じられないほど柔らかくなる。つまり、ごくごく弱火で6時間以上煮込めば、あらゆる結合組織の繊維がトロトロに溶けて、考えうる限り最高に柔らかくてジューシーでうまい牛肉料理ができあがるんだ。ただし『トレホズ・タコス』では、調理の前にもうひと手間かける。塩と砂糖にクミン、ニンニク、トウガラシを混ぜたものを肉に擦りこんで、24時間おく。その結果は、もう言葉にできないほどだ。しかもこの肉は何にでも応用がきく。タマネギのピクルスと一緒にタコスに入れれば、それだけで最高の1品ができる。ボウルやブリトーにしてもいい。なんならホットドッグのバンズにはさんでも超うまい。

ら細かい脂の筋が、肉全体に均等に入っているものを選ぶこと。いいサシの入った骨つきリブアイが手に入らない場合は、ニューヨーク・ストリップ（サーロイン）か骨なしリブアイを使っても、同じくらいうまくできる。

使いかた　フライパンを使うにしろグリルを使うにしろ、うまいステーキを焼きたければ、肉を室温に戻しておくこと。そうすることにより、均等に素早く焼ける。冷蔵庫から出したばかりの肉だと、温まるまでに時間がかかり、長時間焼いているのに外がカリッと焼けないという事態が起こりうる。これを避けるためには、少なくとも焼く30分前には肉を冷蔵庫から出し、両面にコーシャー・ソルトをよく擦りこんでおくこと。こうすることで、肉が室温まで温まるうちに塩が肉に染みこむ。フライパンに入れる直前に、ペーパータオルで肉の汁気をよくふきとり、もう一度軽く塩をしてから、超高温に熱したフライパンで焼く（うちで使うのは鋳鉄製の重いスキレットで、ステーキを入れる前に真っ赤になるまで5分間熱しておく）。皮をパリパリに仕上げ、肉の味わいをよくするためには、表面の水分をよくふきとっておくのがポイントだ。また、近ごろはひとりに分厚いステーキ肉を1枚ずつ出すのは、あまり健康によくないと考えられるようになってきた。だから、できればでかい塊肉を買って

しっかり調理してから、それを骨に対して直角に約1.5センチ（½インチ）の厚さにスライスし、皿に盛りつけて出すのがおすすめだ。

❖挽き肉

スーパーで挽き肉を買うときは、赤身と脂の割合が8対2のものを探すようにしよう。脂は旨味なので、「グリンゴ・タコス」やチーズバーガー・ブリトー、チーズバーガー・タコスを作るには、この割合の挽き肉を使うのがいちばんジューシーさを保証できる。スーパーによっては、8対2の挽き肉は「ブッチャーズ・トリム」または「マーケット・トリム」と呼ばれることもある。とにかく見かけたら、即買いだ。この挽き肉は、リブアイやニューヨーク・ストリップ、ショートリブなどのもっと高くて味のいい部位を取った残りを、店で挽いて作っている場合が多い。しかも、ほかの種類の挽き肉と値段は同じか、安いことさえある。

使いかた　クミン・パウダーとガーリック・パウダー、オニオン・パウダー、チリ・パウダーで味つけしたグリンゴ・タコス（116ページ）ほど、メキシコ系アメリカ人にとって郷愁をそそるものはない。

豚肉と鶏肉
PORK *and* POULTRY

❖豚肩肉

豚肩肉はカルニータス［豚肉のラード煮込み］の基本材料だ。ピクニック・ロースト（うで肉）と呼ばれるもう少し下の部分よりも、脂分が多い。最高にジューシーでリッチな仕上がりを望むなら、できれば肩肉を使いたいが、うで肉でも十分うまくできる。

牛のブリスケット同様、豚肩肉は弱火でじっくり調理して、脂肪とコラーゲンを分解させるといい。煮込みに時間をかければかけるほど、柔らかく仕上がる。中には120℃（250F）でひと晩、とろっとろのクッタクタになるまで煮込むのが好きな人もいる。そうすると、肉なのにスプーンで食べられるほど柔らかくなる。もちろんそこまで煮込みたかったらそうしてもらってかまわないが、必ずそこまでする必要はない。世の中は時間に余裕のある人ばかりではないから、うちのレシピで作れば、コンロにかけて2時間半もあればカルニータスができる。ひと晩煮込まなくても、十分柔らかくなるんだ。ただ、肉によって仕上がりが違うので、2時間半煮たあとまだ固いようだったら、もう30分

ほど煮込んでみよう。そのうちほろほろと崩れるほど柔らかくなる。

使いかた　この豚肉は、ほんとうになんにでも使える。タコスにするとうまいのはもちろんだが、ほぐれた肉をスクランブルエッグと一緒に食べてもいいし、トルタ［メキシコ風のパイ生地］に載せてもいい。いや、メキシコ料理だけに限らない。ハムとチーズとピクルスを一緒にはさめば、ヤバいキューバ風サンドイッチができる。

❖鶏肉

うちの店では、骨なしの鶏もも肉でグリルドチキンを作る。鶏胸肉より安くて手に入りやすいだけでなく、脂肪分がより多いので、焼きすぎたり煮すぎたりすることも少ない。また、フライドチキンにすると、中の脂肪分のおかげで揚げてから30分ほども全体が熱いままなのも嬉しいポイントだ。だが脂身を食べるのを避けたい場合、この本のレシピは骨なし鶏胸肉でも十分うまくできる。

✥ 魚

うちの店で使う魚の定番はタラだ。身が締まって、まろやかで、崩れない。ビール入りの衣をつけて揚げたのをフィッシュ・タコスにしてもいいが、サッと焼いたのにライムをひと絞りし、ピコ・デ・ガヨをかけてトルティーヤに載せてもうまい。ブラックンド・サーモンには、できれば天然物のサーモンを使ってもらいたい（ちなみに旬は夏）が、手に入らない場合は、環境に配慮して育てられた養殖物のサーモンを使うといい。魚が新鮮かどうかは、匂いと身の締まり具合をチェックするのが確実だ。生臭くなく新鮮な匂いのするもの、指で身を押してみて弾力性のあるものを選ぶ。触った感じがグニャッとしたら、買わないほうがいい。

✥ エビ

メキシコ湾で採れる天然物のエビが手に入れば理想的だ。東南アジア産の養殖物よりかなり高いが、ずっと甘味があるし、細菌による汚染の心配も少ない。

PRODUCE

正直言って、キッチンにトマトとタマネギ、コリアンダー、あとハラペーニョさえあれば、もうメキシコ料理は半分できたも同然だ。

✤トマト

ひとつ事実を教えよう。うちの店のピコ・デ・ガヨが死ぬほどうまいのは、南カリフォルニア産のトマトを使っているからだ。そう、ラッキーなことに、ここカリフォルニアでは、甘く真っ赤に熟したトマトが、ほぼ1年中たっぷり手に入るんだ。とはいえ、いいものを選べば、温室トマトでも輸入トマトでも十分うまい料理になる。茎と葉がついたままの蔓で熟した中サイズのトマトは、もっと大きいピンク色のトマトに比べて、ずっと味がいい。フレッシュ・サルサにしてもいいし、炒めて煮込んでピューレにしたサルサでもうまい。水耕栽培のトマトや、ローマプラムトマトでもバッチリだ。旬のトマトが手に入らないときは、チェリートマトを使うといい。小さくて切るのが少し面倒だが、糖度が高く水分が少ないので、市場で手に入る種類

のうちでダントツに甘い。

✤タマネギ

メキシコ料理には、タマネギは絶対に欠かせない──それも、あらゆる種類の、あらゆる色のタマネギが必要だ。どのタマネギをどの料理に使うかは、次のとおり。まず白タマネギは、いちばん鼻にツンときてピリッとした刺激があり、ちょっと辛いと感じることさえある。ピコ・デ・ガヨを作るときには、このパンチのある辛味が効いてくる。熱を加えるとまろやかになるが、それでも強いタマネギの風味はなくならない。黄タマネギは、甘みと辛みのバランスが取れている。タマネギの種類の中でいちばん使い勝手がよく、生でも熱を加えてもいい。赤タマネギはいちばんまろやかで甘みがあり、サラダに入れると絶品だ。ピコ・デ・ガヨを半分白タマネギ、半分赤タマネギで作ると、両方の味と色を楽しめるワンランク上の1品になる。葉タマネギはほかのタマネギよりまろやかで、白タマネギの代わりにタコスのトッピングにするのに向いている。

TORTILLAS

最近はアメリカ国内でも、うまいコーン・トルティーヤが、ずいぶんと簡単に見つかるようになってきた。うちの店では、自家製のマサ[トウモロコシ粉の生地]を使うトルティーヤ店から仕入れている。だから、たいていのスーパーで売っているブランドのものより、柔らかくて新鮮で分厚いし、味もずっといい。店で買うときは、できるだけ分厚いやつを探すこと。そうすれば中に詰め物をたくさん入れても、サルサにつけても、破れにくい。さらにオーガニックなトウモロコシ粉でできたやつなら、なおいい。うちで使うトルティーヤは直径約15センチ（6インチ）はあるから、2つか3つで満腹になるが、街なかのスタンドで売っている安いタコスのトルティーヤはたいてい直径約10センチ（4インチ）なので、4つか5つは食べないと物足りない。テキサスやソノラのタコス店は別だが、ロサンゼルスのタコス

店では、ほとんどがコーン・トルティーヤを使っている（つまり、ロスのタコスはほとんどがグルテンフリーだというメリットまである！）。ただし、ケサディーヤやブリトーには小麦粉のトルティーヤを使う。

どんなトルティーヤにせよ、最高の味を引き出すコツは、調理する前に冷蔵庫から出して、生っぽい風味を消すことだ。そのあと熱した鋳鉄のスキレットで15秒も温めれば、柔らかくなって扱いやすくなる。大勢に出す場合は、積み重ねたトルティーヤをアルミホイルに包んで、150℃（300F）のオーブンで15分ほど温めるといい。ただ、あまり長いことホイルに包んだままにしておくと、蒸気で蒸れて破れやすくなるので気をつけよう。時間があるなら、110℃（225F）のオーブンで30〜45分温めておくほうが安全だろう。十分温まるし、蒸れすぎる心配もない。

マチェーテからモルカヘテまで

道具について

コンロと使い慣れた鍋とよく切れるナイフがあれば、この本に載っているだいたいの料理は作れる。だがこのレシピを使って料理を作っていくうちに、大人数向けにごちそうをふるまいたいとか、最高に香ばしいサルサをササッと仕上げたいとか、自分の料理スキルをもっと上げたいという気持ちが湧いてきたら、いい道具をそろえることを考えてみるといい。トレホ流料理にピッタリな道具の理想のリストは、こんな感じだ。

✤ マチェーテ（刃渡り20センチ［8インチ］の牛刀）

実際、本物のマチェーテ（ナタ）ほどでかいシロモノは必要ないが、できればよく切れる大きめのナイフは1本欲しいところだ。すべての料理の技は、そこから始まる。それは生のままの野菜や肉と、料理とのあいだをつなぐ存在だ。そのナイフを手に取った瞬間、料理の勝利へ向かう英雄の旅は始まる。料理は、時間と労力を必要とする仕事だ。食事という最終地点に首尾よくしかも優雅にたどりつくには、自分の手の一部となって働いてくれる道具を使いこなさねばならない。

刃渡り約20センチ（8インチ）のステンレスのシェフズナイフ（牛刀）が理想的だ。これがあれば、コリアンダーの束をざく切りにしたり、トマトをきれいにさいの目切りにしたり、外科医のようにトウガラシのワタを取ったり、肉の塊を適切なサイズに切り分けたりできる。素材はステンレスがいい。ほかの素材でできたものより、切れ味が鈍りにくいからだ。「よく切れるナイフほど安全だ」ということわざがある。よく切れれば滑ったりせず、狙ったところをスパッと切れる。レモンやトマトにもスッと刃が通り、皮を切り損ねて指を切ってしまうこともない。切れ味が鈍ってきたと気づいたら、すぐに研ぐこと。週に一度はナイフを研ぐという料理人もいるくらいだ！　プロでなければ、そこまでする必要はないが、ときどき砥石で研ぐようにしよう。それだけでナイフの刃が立ち、食材への刃の通りが格段によくなる。

料理に慣れてきたら、いいナイフをもう何本かそろえてみてもいい。大きめの牛刀に加えて、もう少し小さいサイズのナイフをいくつか買うのがおすすめだ。たとえば、果物ナイフや万能ナイフを持っておけば、いろんな食材を下ごしらえするときに、その都度ナイフを洗わなくてすむ。『トレホズ・タコス』のヘッドシェフたちは、それぞれ自慢のナイフ・コレクションをそろえていて、毎日自分の使い慣れたナイフをキャリーケースに入れて出勤してくる。俺が使い慣れているのは、やっぱりマチェーテだがな。

✤ 重みのあるフライパン

食材にいい焼き目をつけるコツは、熱々に熱したフライパンを使うことだ。うちの店のグリルの温度は260℃（500F）までいくが、ふつうの家庭のコンロではたいていそこまで熱くならない。店でそんな高温が出せるのは、業務用のハイパワー換気システムがついているからだ。もしも家庭で鋳鉄のスキレットや油をひいたステンレスパンを260℃（500F）まで熱するなら、窓を全開にして、換気扇を強で回し、煙感知器をオフにしておかないと、えらいことになる！　なにもそこまでする必要はないが、肉に焼き目をつけるときは、できうる限りフライパンを高温にするのが必須事項だ。つまり、ガスコンロなら超強火、IHなら目盛りは最大限にするってことだ。

フライパンの良し悪しは、なによりも材質で決まる。まず、持って重みがないのはダメだ。重いフライパンは金属の割合が高く、そのため全体が均一に温まる。薄くて軽いフライパンだと、肉の一部は焦げるが一部は生焼け、という事態が起こりうる。それで言うとやはり鋳鉄がベストだが、重すぎて扱いづらいし、洗うのも一苦労、と感じる人もいるだろう。アルミ芯にステンレス加工を施したフライパンなら、熱効率もいいし、洗うのも楽だ。ノンスティック加工のフライパンは、表面にくっつきやすい卵や魚を調理するのにはピッタリだが、コーティングが傷むので、高温で焼き目をつけようとするのはやめたほうがいい。当然いいフライパンはそれなりの値段がするが、高ければいいというものでもない。ガレージセールなどで、中古のどっしりした鋳鉄のフライパンを探してみるのもいい。そういうフライパンなら、アサーダをこんがりといい色に焼ける

し、ステーキの表面もカリカリに仕上げられる。

深鍋

ビール入りの衣で揚げた魚のタコス（108ページ）やドーナツ（183ページ・言っとくがドーナツも絶対作るんだぞ！）のような揚げ物を作るときには、揚げ油カップ数杯分が入るような深い鍋が必要だ。食材を入れても温度が下がらないようにするためには相当量の油が要るし、十分な深さがあれば油があふれる心配もない。またスープを作るときやパスタを茹でるときも、深めの鍋があると便利だ。だから、揚げ物なんか年に2、3回しかしない、という人も、深い鍋をひとつ持っておいて損はない。深鍋で肉に焼き目をつけたりしないなら、軽量で手頃な値段のものを買うといい。

温度計

肉の内部が何度になっているか、当てずっぽうで考えてみてもしょうがない。いまは15ドル［約2千円］も出せば、一瞬で肉の温度が測れる優れものの温度計が手に入る。これがあれば、レアにしたかったのにゴムのようになっちまった、なんて事態も避けられる。少しの投資で、買う肉の値段も安めのものに抑えられる。

モルカヘテ

モルカヘテとはもともと、すり鉢とすりこぎのことをいう。先史時代から使われていた、ミキサーのようなものだ。現代のミキサーはガラスの容器と回転刃を使うが、モルカヘテはでかい溶岩製の鉢と、具材をつぶす丸っこい棒からできている。これでスパイスを混ぜたり、トウガラシやニンニクやハーブをペースト状にしたり、マリネやサルサやワカモレを作ったりできる。ミキサーやフード・プロセッサーより多少労力は必要だが、ザクザクとした素朴な食感が楽しめる。おふくろもモルカヘテのほうがお気に入り

だったし、ラテン系の家庭では代々受け継ぐ家宝として大事にされている場合も多い。

高性能ミキサー

モルカヘテが時代とともに進化した究極の姿が、高性能ミキサーだ。うちの店ではバイタミックスのミキサーを使って、ピューレ・ソースやテーブル・サルサやマリネを作っている。この業界では、ミキサーと言えばバイタミックスが定番だ。このマシンはめちゃくちゃパワフルなので、あんまり長いこと回し続けると、ブレードが加熱して食材に熱が入ってしまうこともある。高性能ミキサーのいちばんのメリットは、スペシャルなソースやサルサを一度に大量に作れることだ。家庭で使えば、たくさんソースを作って友だちにプレゼントすることもできるし、貯蔵用にマリネを作って冷凍しておいてもいい。

ライム・ジューサー

この本のレシピには、大量の搾りたてのライム汁を使うものがある。たとえばセヴィーチェを作るには、2カップほど必要だ。パーティー用にマルガリータを作るとすると、夜が終わるまでにライム汁4カップ分は使っているはずだ。それには、かなりの数のライムを搾らねばならない。もちろん手で搾ってもいいが、コンパクトなサイズの蝶番式アルミ製ジューサーや電動ジューサーが、手頃な値段で手に入る。それがあれば、大量のライム汁も難なく準備できるだろう。

スタンドミキサー

ドーナツやチュロスの生地を混ぜるには、相当な筋肉が必要になる。たくさんドーナツを作りたい人には、強力なモーターがついていて、アタッチメントの取り替えもできる、頑丈なスタンドミキサーがおすすめだ。

PASADENA

DOWNTOWN

トレホ流LA案内
ダニーおすすめの（ほぼ）食中心LAガイド

ランディ・ニューマンの歌の文句じゃないが、俺はロサンゼルスが大好きだ。だが俺のロスはランディのロスとは、たぶんちょっと違う。ボールドウィン・パークからコンプトン＆ワッツ、そしてノーザン・バレーやボイル・ハイツやモンテベロにいたるまで、70数年の人生にわたって、俺はこのさまざまなものを懐に抱く広大な街の、あらゆる地域を股にかけてきた。ずいぶんと変わってしまったところもあるが、まったく変わらないお気に入りの場所もたくさんある。とにかくこの地球上で、ロスほどすばらしい場所はない。そこにはすべてがそろっているからだ。

ロサンゼルスはまるで、膨大な数のピースからできた巨大なパズルのようだ。その小さなパズルが日々、あちこちではまったり消えたりを繰り返している。パズルを完成させようなどと考えてもムダだ。パズルの絵柄は、どんどん変わり続けているからだ。たとえばスポーツ・チーム。俺のひいきのアメフト・チーム、ラムズは俺が子どものころ、ロスのチームだった。その後しばらくの間セントルイスに移ったが、4年前にまたロスに戻ってきたと思ったら、なんとスーパーボウルに出場だ！
　車だって変わった。昔のロスの通りはシボレー・インパラとダッジ・ダートだらけだったが、今じゃどこを見てもテスラとプリウスばっかりだ。もちろん、おかげで昔のようなスモッグは出なくなったから、それはそれですごくいいことなんだがな。それでも俺は、うちの敷地に停めてある昔の車をあれこれいじるのが大好きだ。俺は昔の音楽が好きだし、ソウルやR&Bも聞くが、自分でラップも作る。レストランもどんどん入れ替わっていくが、本当にいい店はいつまでも変わらずそこにある。俺が好きなのは、そういう『ムッソー＆フランク』、『ドゥーパーズ』、『ザ・パントリー』みたいな店だ。
　ベニス・ビーチでは、今も70年代の俺と同じようにマッチョな男たちがワークアウトをしているし、オルヴェ

ラ通りの古いスペイン教会の近くにあるシエリート・リンドでは、昔と変わらず最高のタキートスが食べられる。ついでに言っとくと、あそこのチュロスはうちの店で出してるのと同じくらいうまい。バンカー・ヒルには古色豊かなケーブルカーの「エンジェルズ・フライト」が今もガタガタ走っているが、じつは以前はもう半ブロック先の場所にあったことを知る人は少ない。あと、『インアンドアウト・バーガー』の１号店が、サンガブリエル・バレーのボールドウィン・パークにあったことを覚えている人もな。俺はずいぶんと前から『インアンドアウト』のお得意様だ（参考までに言っとくと、お気に入りはダブル・ダブル・プロテイン・スタイルだ）。そういった定番の店のなかに、『トレ

ホズ・タコス』も仲間入りしつつある。

チャイニーズ・シアターやサンタ・モニカ・ピアやディズニー・ホールには、みんなわざわざ言われなくても行くだろう。俺のおすすめの場所は、もう少し表通りを離れたところにある。ロスに来ることがあったら、ぜひ訪れてみてほしい。昔ながらのロスの本当の良さを体感できるのは、そういう場所だからだ。次に紹介するのは、俺のお気に入りの場所ばかりだ。行きつけの酒場、建てるのを手伝った建物、何十年も通い続ける店、映画を撮った場所、そして車のチューンナップをしてくれる店（ロスではみんな行きつけの整備工場があるもんだ！）を紹介しよう。

the RESTAURANTS

俺がレストランのオーナーをやっているせいか、みんなしょっちゅう「あんたのお気に入りのレストランは？」ときいてくる。もちろん、答えはこうだ。「『トレホズ・タコス』一択さ」。とはいえ、自分の店で食べないときに、しょっちゅう通っているなじみの店はいくつかある。どれも、少なくとも50年代から営業しているような古い店ばかりだ。できれば『トレホズ・タコス』もそういうロス名物の仲間入りをして、50年以上続いていってくれたらいいと、心から願っている。

俺に言わせれば、レストランには2種類ある。気軽に食えるレストランと、きちんとした食事をするレストランだ。たとえば、気軽に済ませたいときは24時間営業のダイナー『ザ・パントリー』、ちゃんとしたディナーを味わいたいときは『ムッソー＆フランク』に行く。この2種類は、雰囲気もサービスも、仕込みも盛りつけも全然ちがう。ダイナーや昔ながらのカフェで食べるときは、「さあ、どんどん食って食って」という目まぐるしいテンポでことが運ぶが、ちゃんとしたレストランでは、ゆったりと席にすわってくつろぎ、連れとの会話を楽しみながら食事をする。俺にとって最高のちゃんとした食事は、息子のダニーボーイとギルバート、娘のダニエルといっしょに味わうディナーだ。

❖ 気軽なレストラン

ザ・パントリー・カフェ　ウェイターはみんなきびきびしてフレンドリーだ。支払いはキャッシュのみ。銀行みたいな小さな窓口で支払う。24時間開いていて、1924年のオープン以来一度も店を閉めたことがない。店を移転したときでさえだ。古いほうを閉める前に、もう新しいほうを開けていたんだ！　卵とベーコンとパンケーキ、ホットコーヒー、そして歴史が味わいたいなら、ここだ。プラス、それだけ全部頼んでも、1日中どんな時間だろうと12ドル［約1,600円］とチップで済むなんて、信じられないくらい良心的だ。

ドゥーパーズ　ファーマーズ・マーケット店　ロスの「オリジナル・ファーマーズ・マーケット」は、その名のとおり、もともと農家（ファーマー）の市場（マーケット）だったところだ。オープンしたのは1934年だが、当時はロスの高級住宅街にケールやら地場ものの伝統トマトやらを売るマーケットは1軒もなかった。もちろん今でも農産物コーナーでケールは買えるが、今ではホットソースやクレープ、ケイジャン料理に肉料理、ドーナツにパンケーキを出す店も並ぶ。そして、『トレホズ・タコス』もそのひとつだ。そのことを俺は心の底から誇りに思う。自分の店ができるまで、俺の一番のお気に入りスポットは『ドゥーパーズ』だった。『ドゥーパーズ』は昔ながらのアメリカン・ダイナーだ。創業は1938年、ロスで一番のパンケーキを出す。バターミルクの入ったパンケーキはふわっふわで、使われているバターの量もハンパない。

親友エディー・バンカーとは、少なくとも週に1回は『ドゥーパーズ』でパンケーキを食べるのが習わしで、それは彼が2005年に亡くなるまで続いた。エディーには映画

界での仕事で、誰よりも世話になった。俺たちは一緒にサン・クエンティン刑務所を務め上げた仲だ。今でも時間があれば、『ドゥーパーズ』に足しげく通う。そこに行くとエディーとの思い出がよみがえり、自分の成しとげた仕事にしみじみと思いを馳せることができるからだ。

ボブズ・ビッグ・ボーイ バーバンク店 今では全米に広がるダイナー・チェーンだが、もともと『ビッグ・ボーイ』チェーンはロスにしかなかった。バーバンクにある『ビッグ・ボーイ』の駐車場で、俺はギルバート叔父貴と一緒によくカツアゲをしては、ドラッグを買う金を手に入れていた。のちにマイケル・マン監督、ロバート・デ・ニーロ主演の『ヒート』に出演したときに、そこで撮影をしたことがある。撮影現場の警備で働く人間には元警官が多いんだが、そのうちの1人が俺の名前に気がついて、何かを思い出そうとするように「トレホ、トレホ……？」とつぶやいている。それで俺は、「ああ、ギルバート叔父さんのことだろ」と言ってやった。すると、その元警官に言われたよ。「そうだ、お前あいつと一緒にここでカツアゲやってただろう」。結局、「いや、まあそんなこともあったかな」ってお茶を濁しておいたけどな。ときどき、俺がスクリーンで「悪者」を演じるだけでなく、本物の悪者だったことを覚えている人たちもいるんだ。今ではレストアしたクラシック・カーやローライダーに乗る仲間たちと金曜の夜に集まっては、あの店のあたりをドライブして回る。だが店で食事はしない。それには、店の中に入らなきゃならないだろう？ あそこはあくまで、駐車場で自分の車を見せびらかすための場所なんだ。

ロス・トレス・エルマノス 今では8店舗ある『トレホズ・タコス』はずいぶん流行っているように見えるかもしれないが、ロス中のメキシコ料理レストランの数からすれば、そんなのは大海のほんの1滴だ。どんな小さな地区にも必ず1つはメキシコ料理店があるし、多けりゃ20もひしめきあう地区もある。俺の近所の行きつけは、『ロス・トレス・エルマノス』だ。ここは伝統的なロサンゼルス風メキシコ料理を出す店で、ウェット・レングァ・ブリトーのレッド・ソースとクレマがけ（ウェットがお好みなら、うちの店でもブリトーをウェットにするので言ってくれ）、タキートス、その他ありとあらゆるコンボ・プレートといった元祖ロス風メキシコ料理が食べられる。誰にだって近所に行きつけの店は必要だろう？ 俺にとっては、それがこの店だ。

✤ ディナー向けレストラン
ムッソー＆フランク そう、ここに書くべきレストランは、『ムッソー＆フランク』以外にない。なぜって、それこそがまさにディナー向けのレストランだからだ。『ムッソー』以上のクラシックなハリウッド・スタイル・レストランは存

在しない。何しろ、1919年からやっている店だ。ハリウッドの黄金時代に始まり、70年代の沈滞期をくぐり抜け、現在の栄光の復活にいたるまで、ハリウッドのありとあらゆる時代を経験してきた。そんな歴史にどっぷりと浸った証があちこちに残っている。レイモンド・チャンドラーの書いたノワール小説にも登場するし、チャールズ・ブコウスキーはこの店の常連だった。赤いビニールレザーのブース席に、黒い木材の内装。30年前から働いているウェイターたちは、赤いブレザーにボウタイをつけ、お客を王族のように扱ってくれる。この店の看板メニューは薪グリルで焼いたステーキで、上等なステーキを味わいたい気分になったときは、俺は必ずここに来る。だが実を言うと、俺がほんとうに好きなのはチキン・ポット・パイなんだ。こいつは必ず注文する。このメニューが出るのは木曜日だけで、しかもたいていすぐに売り切れてしまう。だが、店は俺のことをちゃんとわかってくれているから、俺は行く前に電話を1本入れて、いくつか取り置きしておいてもらう。息子のギルバートが電話してきてこう言ったら、行き先は決まりだ。「父さん、木曜日だよ。もう3つ取り置きしてもらっといたからね」

OTHER PLACES BESIDES RESTAURANTS

ハリウッド・シネラマ・ドーム サンセット大通りにあるこの巨大なドーム型の映画館は、世界中に名を知られる有名な場所だ。刑務所を出たり入ったりしていたころ、俺はCDウェールズという建設会社で働いていたことがあり、あのドーム型の屋根のコンクリートを作る手伝いをした1人なんだ。ただ、建物が完成する前に俺はまたムショに逆戻りすることになり、結局出所したときには、もうシネラマ・ドームは世界一有名な映画館としてその名を轟かせていた。

そのあと、俺の映画は何本もあそこで封切りされ、多くの人を集めることになった。館内の赤いじゅうたんに足を踏み入れるたび、昔の自分を思い出してしみじみせずにはいられない。

ベニスのマッスル・ビーチ ここに通っていたころは、ガンガン肉を食っていた。マッスル・ビーチで俺のよきライバルだったのは、サン・クエンティンのムショ仲間クレイ

グ・モンソンだ。「ライバル」と言っても、向こうのほうが
かなり上を行ってたがな。なんせ、ヤツの体重はゆうに
130キロ（300ポンド）を超えてたし、ワイドグリップで227
キロ（500ポンド）のベンチプレスを上げてたんだ！ 必死
にウェイトを上げ、目につくものはなんでも食いまくって
も、俺の体重はせいぜい86キロ（190ポンド）どまりだった。
俳優になってから、カメラを通すと5キロ（10ポンド）は
太って見えることがわかり、自分に求められていたのはた
だのガタイのいい男だったのに、年中ジムに入り浸ってい
る筋肉オタクみたいに見えることに気づいた。それで体重
を少し落としたら、もっといい役がつくようになったよ。
不思議なもんだ。

チャビーズ・オートショップ 暇なときはたいてい、俺はここ
に来て車をいじっている。俺の自慢のコレクションは、ピ
カピカの黒いクローム仕上げの52年製シボレー・ステッ
プサイド・トラックに、油圧システムつき76年製キャデ
ラック・ローライダー、ミッドナイト・ブルーの65年製
リヴィエラ。しかもつねに手を加えずにはいられない。あ
ちこちにクロームメッキのパーツを取りつけたり、油圧シ
ステムのメンテナンスをしたり、とにかく全部きちんと整
えておかないと気が済まないんだ。チャビーのおやじさん
は俺たちが子どものころ、修理工場の整備工で、のちにサ
ン・フェルナンド・バレーで自分の店を開くと、チャビー
もそこで働くようになった。いま俺の車は、自宅の「マ
チェーテズ・ガレージ」に置いてある。そこは俺の隠れ家
みたいな場所で、よくそこでくつろいで、これまでの人生
やいまの暮らしに思いを馳せている。そこにある車たちは、
俺の過去でもあり、現在でもある。ハハ！ それを言った
ら『トレホズ・タコス』の料理だってそうなんだがな。俺の
店で出す料理は、俺が小さい頃から食べてきたものと、い
まの俺の健康を目指すライフスタイルの組み合わせなんだ。

Salsas

Cremas, Sauces & Vinaigrettes

サルサ、クレマ、ソース、ドレッシング

上等なサルサやソース、クレマがあれば、俺たちの料理はただの「うまい料理」から「極上の料理」に変身する。何をかけたりつけたりするかによって、ただのグリルドチキンが晴れやかな料理になったり、スモーキーでスパイシーな料理になったり、甘味もありピリッとした辛味もある料理になったりする。サルサやソースを仕上げのひと手間と考える人たちもいるが、俺たちにとっては「秘密兵器」だ。味にいろんなバリエーションが出るし、たいていの場合健康にもすごくいい。ここに載せたレシピのいくつかは、材料をボウルに放り込んでスプーンで混ぜるだけ、というシンプルさだ。だが、みじん切りにさいの目切り、焼いたり炙ったり、混ぜたり裏ごししたりと、もっといろんな手順が必要な場合もある。面倒に思えるかもしれないが、手間をかければそれだけうまくなる。また、マリネやソースを作るときは、できれば多めに作っておくことをお勧めする。そうすれば数日後にまた別の料理に使うこともできるし、冷凍しておいて1か月後に出してきてもいいし、残ったのを友だちやご近所におすそ分けすることもできる。

このセクションにサルサやソースのレシピを独立させたのは、みんなにもっとサルサやソースを自由に楽しんでもらいたいからだ。スーパーでロティサリー・チキンを買って、うちのサルサ・ロハと一緒に食卓に出せば、それで完璧なディナーの出来上がりだ。ハンバーガーにトレホのステーキ・ソースをかければ、誰もが思わずかぶりつきたくなる。フライドポテトをうちのチポトレ・サワー・クリームにつければ、マクドナルドもシッポを巻いて逃げだすうまさだ。ペピータ・ペストは牛胸肉にかける代わりに、パスタにかけてもいい。それにチポトレ・シュリンプ・カクテル・ソースは、エビにかけるだけじゃもったいない。豆腐や、グルテンミート、トーファーキーにかけるってのはどうだ？　とにかく、うまいマリネやソースがあれば、たいていどんなものでも最高の料理に変身させることができるんだ。

　クレマとサルサは、よく映画で言う「いい警官／悪い警官」みたいな組み合わせだ。一方はガツンと正面から向かってきて（こっちはサルサだ）、もう一方はやさしくなだめてくれる（こっちはクレマ──ただしチポトレ・クレマは別で、どっちのパターンもいける）。クレマとはスペイン語で「クリーム」のことで、うちの店ではスパイスやトウガラシや柑橘類の搾り汁と合わせ、タコスやボウルのトッピングにしたり、ブリトーのソースとして使ったりする。クレマは過小評価されていて、メキシコ料理の厨房ではあまり日の当たらない存在だが、俺に言わせれば何にでも合う可能性を持っている。この本ではそれぞれのクレマにパートナーとしてぴったりのタコスを選んであるが、もちろん好きなように組み合わせを変えてもらってかまわない。

　さらに一つ、信じられないような事実を教えよう。このセクションに紹介したレシピは、クレマ以外は一つ残らず100パーセント・ヴィーガンなのだ（じつはクレマにもヴィーガン・カシュー・クレマという選択肢がある［59ページ］）。バターやラードは一切使っていない。マリネやサルサやソースの内に秘められた、生き生きした味を曇らせてしまうからだ。このレシピはもちろん、何よりもまずおいしさを一番に考えて作りだしたものだ。それが同時にヘルシーでもあるなんて、なんとも幸せな偶然じゃないか！

PICO DE GALLO

ピコ・デ・ガヨ

このサルサを作るには、なんのテクニックも必要ない。とにかく材料を切ればいい(もちろんマチェーテで切ってもいいが、よく切れるシェフズナイフのほうが切りやすいはずだ!)。まあ、店で買ってきたソースやサルサを代わりに使ってもかまわないが、一度だまされたと思って、フレッシュなピコ・デ・ガヨを作ってみるといい。よく熟したトマトとコリアンダー、タマネギ、ハラペーニョを刻んで搾りたてのライム汁と混ぜるだけだが、この味を知ったら、スーパーで買った出来合いのやつなんぞとても食べる気がしなくなる。

うちの店で消費するピコ・デ・ガヨは、毎週数百ガロンにもなる。ピコはメキシコ料理の真髄とも言える万能調味料で、店のメニューにあるどんな料理にも合うし、家庭でもいろんな用途に使うことができる。朝食にホットソースと合わせて卵にかけてもいいし、シンプルに米と豆の上に載せて食べてもいい。表面をさっと炙った魚の上にトッピングするのもありだ。

一応作りやすい量は載せておいたが、それはあくまでも目安だ。どんなおばあちゃんにも、タコス屋にも、それぞれ好みのレシピがある。何回か自分で作ってみれば、もうレシピを見る必要もなくなるだろう。押さえておくべきポイントは、とにかくトマトは多め、オニオンは少なめ、コリアンダーも控えめ、そしてトウガラシとライムと塩を少々、それだけだ。いろいろ量を変えてみて、自分好みの配合を見つけてくれ。チップス&タコスにかけたいなら、材料はすべて約5ミリ(¼インチ)角に刻むこと。だが急いでいるなら、もっと大きく切ればいい。とくに決まったルールはない。好きなように作ってくれ。

約3カップ分

▶ **熟したトマト**:中サイズ2個、芯を除いて角切りにする

▶ **赤タマネギ**:小サイズ½個、角切り

▶ **白タマネギ**:小サイズ½個、角切り

▶ **ハラペーニョ**:2個、半分に割って種とワタを取り除き、角切り

▶ **新鮮なコリアンダー**:刻んだもの¼カップ

▶ **ライムの搾り汁**:1個分

▶ **ピュア・オリーブオイル**:大さじ1

▶ **コーシャー・ソルト**[ユダヤ教の基準にのっとって作られた自然塩]:小さじ1

◦ 中くらいのボウルにトマトとタマネギ、ハラペーニョ、コリアンダー、ライムの搾り汁、オリーブオイル、塩を入れてよく混ぜる。ここで味をみて、もっと塩気や酸味が必要だと思ったら、塩を1つまみか2つまみ足す(少しずつ入れること——足りないときは足せばいいが、入れすぎたらおしまいだ)か、ライムの搾り汁を数滴足す。自分好みの味になったら、それで完成だ。

トレホのアドバイス

ジューシーなトマトを探すには

ロサンゼルスのどの地域にも、必ず1つはすばらしいファーマーズ・マーケットがある。サンタ・モニカではシェフが食材を選び、ハリウッドではセレブがケールを買いに訪れる。

カリフォルニアではそのすばらしい気候のおかげで、地球上で最も甘くてジューシーなトマトが1年中手に入る。アメリカのほかの地域では、真夏以外は完璧なトマトを手に入れるのはけっこう難しい。秋と冬には、スーパーで売っている大きな赤いトマトは、水っぽくてベシャベシャだったりする。ローマトマトも芯があって固いものが多い。そういう場合にピコ・デ・ガヨなどのサルサを作るには、チェリートマトか茎についたまま熟したトマトを使うのが間違いないだろう。

2種類のタマネギを混ぜる

ピコ・デ・ガヨに赤タマネギと白タマネギの両方を使うのは、それぞれが違う風味を加えてくれるからだ。赤タマネギは甘くてマイルド、白タマネギはピリッと辛い。それに見た目的にも、2色あったほうが見栄えがする。だが、1種類しかなくても気にするな。それで十分うまいサルサは作れるんだから。

PICKLED RED ONIONS

赤タマネギのピクルス

このタマネギの浅漬けがあると、料理に甘くてピリッとした風味とシャキシャキした食感がプラスできる。カルニータス（86ページ）やシュリンプ（120ページ）などのずっしりリッチなタコスの重さを和らげるのにぴったりだ。できれば冷蔵庫で一晩寝かせると、より風味がマイルドになって最高だが、マリネにして1時間ぐらいでも十分食べられる。

約2カップ分

- ▶ 赤タマネギ：中サイズ1個、半分に切って薄くスライスする
- ▶ リンゴ酢：½ カップ
- ▶ 砂糖：小さじ1
- ▶ コーシャー・ソルト：小さじ1½

○ スライスしたタマネギを大きめの耐熱ボウルに入れる。

○ 中くらいのソースパンに水カップ½ を入れ、そこに酢と砂糖と塩を入れて強火で沸騰させる。沸騰したら火から下ろして、砂糖と塩が溶けるまでよくかき混ぜ、熱いままタマネギにかける。

○ 十分に冷ましたら、ラップをかけて（または広口びんに移して）冷蔵庫に入れ、味がよくしみこんでまろやかになるまで一晩寝かせる。冷蔵庫で保存すれば、1週間はもつ。

トレホのアドバイス

ピクルス万歳！

うちのピクルスに特別なルールはない。好みでカリフラワーや赤ピーマンを加えてもいい。ぜひ自分好みのレシピを作ってみてくれ。それか、無理して作る必要もない。もちろん俺は自前のピクルスが大好きだが、缶詰のピクルスを使ったって全然OKだ。缶詰ならエンバサがおすすめだ。これならラテン食品マーケットでも、普通のスーパーでも、輸入食品コーナーかピクルスコーナーを探せばたいてい手に入る。

ESCABECHE

エスカベッシュ［ハラペーニョとニンジンのピクルス］

『トレホズ・タコス』で出す料理はほとんどが超ヘルシーだが、メキシコ料理の中にはちょっとヘビーなやつもある。チーズが山盛りにかかってるやつとか、コッテリした塊肉の煮込みとかな。そういうのを食べるときには、皿の隅っこにちょっとした彩りが欲しい。たとえばここで紹介するようなピクルス野菜だ。ロサンゼルスに住む人間なら、タコス・レストランに行けば、テーブルにこういうピクルスが置いてあるのを知っているだろう。ガッツリしたコンボ・プレートを食べたあとの口の中を、このピクルスの爽やかな酸っぱさが中和してくれるんだ。テーブルの上にはレッド・サルサとトマティーヨ・サルサ（52ページ）、そしてエスカベッシュがあれば完璧だ。エスカベッシュはタコスやボウルに載せてもいいし、チップスやワカモレ、サルサといっしょに食べてもいい。

約5カップ分

- ▶ **ピュア・オリーブオイル**：大さじ1
- ▶ **ハラペーニョ**：4個、厚さ約5ミリ（¼ インチ）の輪切り
- ▶ **ニンジン**：中サイズ2本、厚さ約5ミリ（¼ インチ）の輪切り
- ▶ **白タマネギ**：厚さ約5ミリ（¼ インチ）の輪切り
- ▶ **ニンニク**：8かけ

- ▶ **クミン・シード**：ホール小さじ2
- ▶ **コーシャー・ソルト**：大さじ2½
- ▶ **リンゴ酢**：2カップ
- ▶ **乾燥アルボル・ペッパー**：4個
- ▶ **乾燥オレガノ**：小さじ2
- ▶ **砂糖**：小さじ1
- ▶ **黒コショウの実**：ホール小さじ½

○オリーブオイルを大きめのスキレットに入れて中火にかけ、ふつふつするまで2分ほど熱する。そこへハラペーニョ、ニンジン、タマネギ、ニンニク、クミンを入れ、塩を1つまみ加える。ときどきかき混ぜながら、タマネギが透きとおるまで（ただし焦がさないこと）5〜7分間炒めたら、火から下ろして置いておく。

○中くらいのソースパンを中火にかけ、酢に水2カップ、アルボル・ペッパー、塩、オレガノ、砂糖、黒コショウの実を加えたものを入れて、煮立たせる。

○煮立ったら、置いておいた野菜を加えてもう一度煮る。沸騰したら火から下ろし、室温になるまで冷ます。

○中身を密閉容器に移し、冷蔵庫で1時間ほど冷やせば食べられる。そのまま冷やしておけば、1週間はもつ。

SALSA VERDE
サルサ・ヴェルデ

うちの店では、このサルサ・ヴェルデをタコスのトッピングにしたり、テーブルに置くサルサにしたり、ときどきメニューに加わるブランジーノ[スズキに似た魚]などのスペシャル魚料理のソースに使ったりする。スキレットでトマティーヨ[トマトに似た緑色のホオズキの実]とハラペーニョを丸ごと炒めると、しんなりと柔らかくなり、皮に焼き目がついて、サルサに香ばしい風味がつく。ピコ・デ・ガヨ（48ページ）と同じく、何にでも合う万能ソースで、とにかくうまい。

約2カップ分

- ▶ **トマティーヨ**：中サイズ12個（約680グラム[1½ポンド]）、薄皮はむいて、丸のまま使う
- ▶ **ハラペーニョ**：中サイズ1個、切らずにそのまま使う
- ▶ **ニンニク**：2かけ
- ▶ **白タマネギ**：中サイズ½個
- ▶ **新鮮なコリアンダー**：刻んだもの¼カップ
- ▶ **ライムの搾り汁**：1個分＋足りなければさらに少々
- ▶ **コーシャー・ソルト**：大さじ1＋足りなければさらに少々

◦ 底の厚い大きめのスキレットを中火にかけ、4分ほど熱したら、トマティーヨとハラペーニョを全部入れる。熱くなったスキレットの上でジュッといい音がたつはずだ。かなり焼き目がついてところどころふくらみ、下になった側が柔らかくなるまで、5〜7分よく炒める。トマティーヨとハラペーニョをひっくり返すには、トングを使うといい。そこへニンニクを投入。トマティーヨとハラペーニョにしっかりふくらみができ、ニンニクがいい感じにキツネ色になるまで、もう5〜7分炒める。ただし焦がしすぎないよう注意。スキレットを火からおろし、十分に冷めるまで待つ。

◦ 冷めたトマティーヨ、ハラペーニョ、ニンニクをミキサーまたはフードプロセッサーに移し、そこにタマネギ、コリアンダー、ライムの搾り汁、塩を足す。全体が完全になめらかになるまで、ミキサーにかけてよく混ぜる。味見して、物足りなければ塩やライムの搾り汁を足す。出来上がったソースをボウルに移し、冷やしてから食卓へ。密閉容器に入れて冷蔵庫で保存すれば、5日はもつ。

SALSA VERDE

SALSA ROJA

サルサ・ロハ［ロースト・トマトとチポトレのサルサ］

これはうちのメニューに載っている中でもかなり応用範囲の広いサルサだ。どのタコスにかけてもうまいし、小鉢に入れてチップスをつけてもいいし、なんなら店で買ってきたロティサリー・チキンにたっぷり塗るのもおすすめだ。野菜をオーブンで焼いてキャラメリゼすると、自然の甘みがさらに際立つ。チポトレ・ペッパーのアドボソース漬けのスモーキーでスパイシーな風味が、ちょうどいい辛味と味の深みをプラスしてくれる。

約3カップ分

▶**ピュア・オリーブオイル**：大さじ2

▶**トマト**：中サイズ4個、芯を除いて半分に切る

▶**ニンニク**：4かけ

▶**白タマネギ**：大サイズ½個、粗く刻む

▶**ハラペーニョ**：2個、半分に割って種とワタを取り除き、角切りにする

▶**コーシャー・ソルト**：小さじ1＋足りなければさらに少々

▶**挽きたての黒コショウ**：小さじ1

▶**新鮮なコリアンダー**：刻んだもの½カップ

▶**チポトレ・ペッパーのアドボソース漬け缶詰**：チポトレ・ペッパー2個＋アドボソース大さじ2

▶**ライムの搾り汁**：1個分＋足りなければさらに少々

◎オーブンを約220℃(425F)に予熱しておく。

◎約28×43センチ(11×17インチ)の天板に、オリーブオイル大さじ2をまんべんなく塗る。その上にトマト、ニンニク、タマネギ、ハラペーニョを載せ、塩コショウをふる。何カ所か焼き目がついて柔らかくなるまで、オーブンで15〜20分焼く。途中で1回混ぜること。

◎焼けたらミキサーに移し、さらにコリアンダー、チポトレ・ペッパー、アドボソース、ライム汁を入れたら、なめらかになるまでミキサーにかける。味をみて、必要なら塩とライム汁をもう少し足す。そのまますぐに食べてもいいし、密閉容器に入れて冷蔵庫で保存すれば1週間はもつ。

TREJO'S STEAK SAUCE

SALSA ROJA

TREJO'S STEAK SAUCE
トレホのステーキソース

しばらくの間、『トレホズ・カンティーナ』では骨つきリブアイをメニューに載せていたことがある。『パシフィック・ダイニング・カー』や『ムッソー&フランク』（39ページ参照）のようなロスの偉大なステーキハウスに敬意を表してのことだ。だが『トレホズ』では、定番のA1ステーキソースをもっとメキシコ風にアレンジしたソースに変えて出したかった。そこで、ワヒーヨ・ペッパーとアガベシロップをA1ソースに使われているフレーバーに加えてみることにした。そうしてできたのが、ピリッと刺激がありながら甘いステーキソースだ。これが、思わずスプーンで舐めたくなるほどうまいんだ。

約2カップ分

- ▶ **ニンニク**：中サイズ丸ごと1個（10かけほど）、1かけずつにバラして皮をむく
- ▶ **赤タマネギ**：大サイズ1個、大きめの角切りにする
- ▶ **乾燥ワヒーヨ・ペッパー**：6個、茎と種を取り除く
- ▶ **キャノーラ油**：½カップ
- ▶ **ライムの搾り汁**：1個分
- ▶ **アガベシロップ**：大さじ2

- ▶ **チポトレ・ペッパーのアドボソース漬け缶詰**：アドボソース大さじ1（トレホのアドバイス参照）
- ▶ **コーシャー・ソルト**：小さじ2＋足りなければさらに少々
- ▶ **チポトレ・チリ・パウダー**：小さじ1
- ▶ **クミン・パウダー**：小さじ1
- ▶ **赤ワイン・ビネガー**：小さじ1

トレホのアドバイス

残った缶詰チポトレの保存方法

このレシピには、アドボソース大さじ1しか使わない。残ったチポトレとソースは、プラスチックかガラスの容器に移して冷蔵庫に入れておけば1週間はもつ。またフリーザーバッグに入れて冷凍すれば、2か月は保存可能だ。

◦オーブンを180℃（350F）に予熱しておく。

◦バラしたニンニクと刻んだタマネギを約28
×43センチ（11×17インチ）の天板に広げ、
黄金色に色づいて柔らかくなるまで45分ほど
焼く。オーブンはつけたまま、ニンニクとタ
マネギを取り出してミキサーに移す。

◦ワヒーヨ・ペッパーを天板に並べ、香りが
立って軽く焼き目がつくまで2〜5分焼く。

◦その間に、中サイズのソースパンに水4
カップを入れ、軽く沸騰させる。鍋を火から
下ろし、5分ほど冷ます。

◦ワヒーヨ・ペッパーを湯の中に入れ、鍋に
蓋をして柔らかくなるまで20分ほど置く。

◦ワヒーヨ・ペッパーを湯から上げて、粗く
刻む。ニンニクとタマネギを入れておいたミ
キサーにワヒーヨを加え、さらにキャノーラ
油とライム汁、アガベシロップ、アドボソー
ス、塩、チリ・パウダー、クミン・パウダー、
赤ワインビネガーを加える。なめらかになる
までミキサーにかけ、味をみて塩気がもっと
欲しければ足す。すぐに食べられるが、密閉
容器に入れて冷蔵庫で保存すれば5日間はも
つ。

PEPITA PESTO

ペピータ・ペスト

このペストを作るのに使った食材や労力、予算を無駄にしないために、ぜひとも新しい食べかたに挑戦してみることをおすすめする。うちの店ではカルネ・アサーダ・ブリトー（83ページ）のソースとして出しているが、ステーキやグリルド・チキンにかけてもいいし、パスタソースとしてもピッタリだ。

約1カップ分

- ▶ **新鮮なコリアンダー**：粗く刻んだもの1½カップ
- ▶ **新鮮なイタリアンパセリ**：粗く刻んだもの2カップ
- ▶ **ニンニク**：6かけ
- ▶ **無塩の生ペピータ**（カボチャの種）：1カップ
- ▶ **コーシャー・ソルト**：小さじ½＋足りなければさらに少々
- ▶ **ピュア・オリーブオイル**：½カップ

◉ コリアンダーとパセリをフードプロセッサーに入れ、そこにニンニク、ペピータ、塩を加える。5秒ほど回してから、容器の側面についた材料をこそげ落とす。中身が十分細かくなるまで、もう5回ほど同じ作業を繰り返す。プロセッサーを動かしている間に、オリーブオイルを注入口からゆっくりと注ぎ、ペストがしっかり混ざってオートミールのような状態になるまで30秒ほど回す。側面に中身がつくようなら、こそげ落とすこと。

◉ 味をみて、必要ならもう少し塩を足す。すぐに食べてもいいし、密閉容器か広口ガラスびん（トレホのアドバイス参照）に移して冷蔵庫で保存すれば、3日はもつ。

トレホのアドバイス

ペストの保存方法

ペストの酸化と変色を防ぐには、広口びんに移してからオリーブオイルを注ぎ、表面に薄い膜を作っておくといい。

CREAMY CILANTRO- LIME VINAIGRETTE

クリーミー・コリアンダー・ライム・ドレッシング

このドレッシングでは、ヴィーガン・マヨネーズがいい仕事をしている。ランチ・ドレッシング［ディップ用の白いクリーミーなドレッシング］のようなベースと、ヴィネグレット・ソース［フレンチドレッシングのこと］のようなあざやかな酸味の両方をプラスしてくれるのだ。うちの店ではケールサラダにかけることが多いが、普通のグリーンサラダにもよく合うし、炙ったサーモンやグリルド・チキンのソースとして使ってもいい。ボウルメニューのアクセントにもおすすめだ。

約2カップ分

- ▶ **新鮮なコリアンダー**：刻んだもの1½カップ
- ▶ **ヴィーガン・マヨネーズ（もちろん普通のマヨでもOK）**：½カップ
- ▶ **ライムの搾り汁**：1個分

○ コリアンダー、ヴィーガン・マヨネーズ、ライム汁、水¼カップをミキサーに入れ、なめらかになるまで混ぜる。もっとゴロゴロ感が欲しい場合は、中サイズのボウルに材料を全部入れ、乳化するまでしっかり混ぜる（乳化というのは、水分が脂肪の中に均等に溶けこむまで混ぜることをいう）。すぐに食べてもいいし、密閉容器に入れて冷蔵庫で保存すれば5日はもつ。

ESCABECHE-MINT CREMA

エスカベッシュ・ミント・クレマ

冷蔵庫に残ったエスカベッシュが入っているなら、このフレッシュでスパイシーなクレマを作ってみてほしい。なければ、エンバサのハラペーニョのピクルスの缶詰か瓶詰めを買ってくれ（このレシピに使うのは大さじ2杯分だけなので、そのためにわざわざエスカベッシュを作る必要はない）。このクレマは炙った魚や、チキン・ティッカ・タコス（91ページ）によく合う。

約1カップ分

- ▶ **サワークリーム**：1カップ
- ▶ **ハラペーニョのピクルスまたはエスカベッシュ（51ページ）**：刻んだもの大さじ2
- ▶ **ライムの搾り汁**：1個分
- ▶ **新鮮なミントの葉**：粗く刻んだもの大さじ1
- ▶ **クミン・パウダー**：小さじ1
- ▶ **コーシャー・ソルト**：小さじ1
- ▶ **カイエン・ペッパー**：小さじ¼

○ サワークリーム、ハラペーニョ、ライム汁、ミント、クミン、塩、カイエン・ペッパーをミキサーに入れ、なめらかになるまで混ぜる。すぐに食べてもいいし、密閉容器に入れて冷蔵庫で保存すれば3日はもつ。

VEGAN CASHEW CREMA

ヴィーガン・カシュー・クレマ

別にヴィーガンでなくても、このクレマを気に入る人は多いだろう。ピューレにしたカシューナッツはねっとりと濃厚で、これが乳製品じゃないなんて信じられないほどだ。

約2カップ分

- ▶ **無塩の生カシューナッツ**：2カップ
- ▶ **ライムの搾り汁**：1個分＋足りなければさらに少々
- ▶ **レモンの搾り汁**：1個分＋足りなければさらに少々
- ▶ **コーシャー・ソルト**：小さじ1½＋足りなければさらに少々

○ カシューナッツをミキサーのカップに入れ、上から水1½カップを注ぐ。そのまま少なくとも2時間から一晩おき、よく水を浸みこませる。長く浸せば浸すほど柔らかくなり、よりクリーミーなクレマができる。

○ カシューナッツが柔らかくなったら、水を捨ててライム汁、レモン汁、塩を加え、なめらかでクリーミーになるまでよく混ぜる。味をみて、足りなければ塩かライム汁かレモン汁を足す。すぐに食べてもいいし、密閉容器に入れて冷蔵庫で保存すれば5日はもつ。

LIME CREMA

ライム・クレマ

このライム・クレマのピリッとした酸味は、揚げ物に特によく合う。だからうちの店では、OGタコス（108ページ）に入れるコールスローにこのクレマをかけるんだ。目の粗いおろし器（マイクロプレインがおすすめだ）でライムの皮をおろすと、いい香りが立ってこのクレマはさらにうまくなる。

約1カップ分

- ▶ **サワークリーム**：1カップ
- ▶ **ライムの皮をおろしたもの**：小さじ1
- ▶ **ライムの搾り汁**：1個分
- ▶ **コーシャー・ソルト**：小さじ1

○ 小さめのミキシング・ボウルに、サワークリーム、ライムの皮、ライム汁、塩を入れてよく混ぜる。すぐに食べてもいいし、密閉容器に入れて冷蔵庫で保存すれば3日はもつ。

CHIPOTLE CREMA
チポトレ・クレマ

これはこの本の中でいちばん簡単にできるが、いちばん風味豊かで最高の満足を与えてくれるソースだ。ただし、辛いので要注意！　まずは手始めに、チポトレ4個で作ってみて、その味をみてもっといけると思ったら、チポトレの数を増やしてみるといい。

約2カップ分

▶ **サワークリーム**：2カップ
▶ **チポトレ・ペッパーのアドボソース漬け缶詰**：チポトレ・ペッパー4個＋アドボソース大さじ2
▶ **ライムの搾り汁**：2個分
▶ **コーシャー・ソルト**：小さじ2

○サワークリーム、チポトレ・ペッパー、アドボソース、ライム汁、塩をミキサーに入れて、なめらかになるまで混ぜる。すぐに食べてもいいし、密閉容器に入れて冷蔵庫で保存すれば3日はもつ。

CUMIN CREMA
クミン・クレマ

うちの店では、この土の香りのするクレマをクラシック・フィッシュ・タコス（106ページ）に合わせることが多いが、じつはなんにでも使える万能選手で、OGタコス（108ページ）にも合うし、チキン・ティッカ・タコス（91ページ）にかけてもうまい。

約1カップ分

▶ **サワークリーム**：1カップ
▶ **クミン・パウダー**：大さじ2
▶ **コーシャー・ソルト**：小さじ1

○小さめのミキシング・ボウルにサワークリーム、クミン・パウダー、塩を入れてよく混ぜる。すぐに食べてもいいし、密閉容器に入れて冷蔵庫で保存すれば3日はもつ。

CUMIN CREMA

CHIPOTLE CREMA

AVOCADO CREMA

アボカド・クレマ

このクレマは、クリーミーなアボカドとピリッとくるサワークリームの奏でるハーモニーだ。どのタコスに合わせても間違いがない。

約2カップ分

- ▶ **アボカド**：中サイズ2個、半分に割って種をとり、皮をむく
- ▶ **サワークリーム**：½ カップ
- ▶ **新鮮なコリアンダー**：粗く刻んだもの ½ カップ
- ▶ **ライムの搾り汁**：1個分＋足りなければさらに少々
- ▶ **コーシャー・ソルト**：小さじ1＋足りなければさらに少々

○ アボカド、サワークリーム、コリアンダー、ライム汁、塩をミキサーに入れて、なめらかになるまで混ぜる。味をみて、足りないようなら塩かライム汁を足す。すぐに食べてもいいし、密閉容器に入れて冷蔵庫で保存すれば3日はもつ。

ORANGE CREMA

オレンジ・クレマ

うちの店ではブラックンド・サーモン（112ページ）を使ったタコスやブリートやボウルにこのクレマを合わせるが、チキンやエビとも相性がいい。店ではふつう搾りたてのオレンジジュースを使うが、冷凍濃縮オレンジジュースでも味は十分いいし、クレマが水っぽくならずにすむ。マヨネーズの酸味が、オレンジの甘みといい具合にバランスをとってくれる。

約1カップ分

- ▶ **サワークリーム**：½ カップ
- ▶ **マヨネーズ**：½ カップ
- ▶ **冷凍濃縮オレンジジュース**：½ カップ（解凍したもの）

○ 中サイズのボウルに、サワークリーム、マヨネーズ、オレンジジュースを入れてよく混ぜる。すぐに食べてもいいし、密閉容器に入れて冷蔵庫で保存すれば3日はもつ。

AVOCADO CREMA

CHEESY BEAN DIP
チーズと豆のディップ・ソース

この超シンプルな豆のディップ・ソースは、ブレックファスト・ブリトー（132ページ）や
BCRブリトー（139ページ）にも合うし、ケサディーヤ（145〜47ページ）にかけてもいいが、も
ともとはトルティーヤ・チップスをつけたり、ほかのサルサと組みあわせたりして使うも
のだ。スクランブル・エッグやホットソースに合わせてもうまい。

約2カップ分

- ▶ **リフライドビーンズ（ペースト状の豆）の缶詰**：1缶
  （450グラム［16オンス］）
- ▶ **クリームチーズ**：½カップ、室温に戻しておく
- ▶ **メキシカン・ブレンドのシュレッド・チーズ・ミック
  ス**：1カップ、市販のものでも自分で作ってもい
  い（86ページ参照）
- ▶ **ハラペーニョのピクルス**：刻んだもの大さじ1
- ▶ **ハラペーニョのピクルスの漬け汁**：大さじ1
- ▶ **コティハ・チーズ**：砕いたもの大さじ1
- ▶ **ホットソース**：トレホズ・ソース、チョルーラ・
  ソース、タパティオ・ソースなど（お好みで）

○ 豆を中サイズのソースパンに入れて中火にかけ、ときどきかき混ぜながら5分ほど温める。
○ クリームチーズをスプーン1杯ずつ加え、よく混ぜる。なじんだら火を弱火にする。チーズ
ミックスを加え、完全に溶けてなじむまで混ぜる。刻んだハラペーニョのピクルスと、漬け汁を
加える。熱いまま、好みでコティハ・チーズとホットソースをかけて出す。

CHIPOTLE SHRIMP COCKTAIL SAUCE

チポトレ・シュリンプ・カクテル・ソース

はっきり言おう。シュリンプ・カクテルは、まさにソースがすべてだ。うちのレシピには、チポトレ・ペッパーのアドボソース漬けがひんぱんに登場することに気づいている人も多いと思うが、それはとにかく最高にうまいからだ。チポトレ・アドボを混ぜれば、どんなメニューにも信じられないほどうまくて辛くてスモーキーな風味をプラスできる。シュリンプ・カクテルのソースにだって、もちろん欠かせない。俺自身がステーキハウスで食べるシュリンプ・カクテルが大好きなので、うちのシェフに頼んでメニューにシュリンプ・カクテルとこのソースを載せてもらったが、残念ながら誰も頼んでくれない（確かにメキシコ料理店には少々場違いかもしれないが）。

　だがこのソースはめちゃくちゃうまいのにもったいない。そこで、この本にスペースを割いて載せることにした。スーパーで調理済みのエビを買ってきてもいいし、自分で茹でたのを使ってもいいが、できればシトラス・ハーブ＆ガーリック・シュリンプ（102ページ）に添えて食べてみてほしい。このメニューはまとめて大量に作っておけば、パーティーなどで指でもフォークでも気軽につまめる1品になる。パーティーのゲストに褒められたら、俺に感謝するのを忘れるなよ。あらかじめ言っておこう、「どういたしまして」。

約1½カップ分

- ▶ アドボソース漬け缶詰に入ったチポトレ・ペッパー：4個
- ▶ ライムの搾り汁：1個分
- ▶ 白バルサミコ酢：大さじ1
- ▶ 糖蜜：大さじ1
- ▶ 黒糖：大さじ2
- ▶ しょうゆ：大さじ2
- ▶ ケチャップ：1カップ

- ▶ ビン入りホースラディッシュ［西洋ワサビ］：大さじ2
- ▶ レモンの搾り汁：½個分
- ▶ ウスターソース：小さじ1

- ▶ シトラス・ハーブ＆ガーリック・シュリンプ（102ページ）または茹でたエビ

◦ チポトレ・ペッパーを細かく刻み、まな板の上でつぶしてなめらかなペースト状にする。これを小さめのソースパンに移し、ライムの搾り汁とバルサミコ酢を加え、よくなじむまで混ぜる。糖蜜と黒糖を混ぜ込んでから、鍋を中火にかけてゆっくりと温める。ときどき混ぜながら、砂糖が完全に溶けきり、かさが減って固めのペースト状になるまで、3分ほど熱する。しょうゆを混ぜ込んだら、火から下ろして冷ます。

◦ 中くらいのボウルにケチャップ、ホースラディッシュ、レモンの搾り汁、ウスターソースを入れて混ぜる。冷ましておいた先ほどのチポトレ糖蜜ペーストを混ぜ込み、ラップをかけて冷蔵庫で30分ほど冷やす。茹でたエビといっしょに出す（ソースは冷蔵庫で保存すれば5日はもつ）。

芸術の街ロサンゼルス

俺の故郷はロサンゼルスだが、なかでもパコイマが俺の地元だ。パコイマを走り回って育ち、俺がパコイマの顔だった！ パコイマはサン・フェルナンド・バレーの、エンジェルス国有林の西にある。ロスの中でも最も古い歴史をもつ地区で、1,500年前にはネイティヴ・アメリカンが暮らしていたが、200年ほど前にスペイン人居留地となった。今では7万5,000人が住む町だ。ほかのどんな場所でもそうだが、パコイマがどんなところかを決めるのは、そこに住んでいる人間だ。そこには俺以外にも、有名な住人がたくさんいる。メキシカン・ロックのパイオニア、リッチー・ヴァレンスに、二度もボクシングの世界チャンピオンになったボビー・チャコン、カリフォルニア州州務長官のアレックス・パディーラ。俺もその1人になれて、本当に幸運だったと思っている。

子どものころ、パコイマはマイノリティ出身の人間でも家を買うことのできる数少ない場所だった。だから、パコイマにはありとあらゆる人種の住民がいた。それは今でも変わらない。ラテン系、アフリカ系、日系、中国系、白人、カトリック教徒、ユダヤ人——みんなが混じりあって暮らしている。

俺が通った学校の副校長であり、歴史の先生でもあったミセス・フィンドレイは、いつも俺に「あなたには可能性がある」と言い続け、「自分のしたことはいずれ自分に返ってくるのよ」と教えてくれた。当時の俺は、自分がいつかパコイマを出て外の世界に羽ばたき、やがて成功して戻ってくるなんて、思いもしなかった。

今では自分の育った家を買い戻し、さらにすぐ近くにもう1軒、車の保管と休息用の家を持っている。ここはまさに俺の故郷であり、どこよりも落ち着ける場所だ。お気に入りのローライダー・バイクにまたがって通りを流したあと、ふと目を上げると、俺の店でもない建物の壁に自分の姿が描いてある。世界中のいったいどこに、そんな場所がある？ それが俺にとってパコイマの、そしてロサンゼルスの魅力だ。そこはいまも生きて動き続ける、ひとつの芸術作品のようなものだ。

50年代から60年代にラテン系としてロスで育つのはどんな感じだったか、ときかれることがよくある。正直に言うが、差別を感じたことはまったくない。俺が当時つるんでいた仲間は、みんな超イカれていたせいでほかの集団から追いだされたヤツらばっかりだった。だから人種もバラバラだ。俺がヤクから足を洗うのを手伝ってくれた命の恩人のひとり、フランク・ルッソはイタリア人だったし、マーティー・ハートは白人、ハリー・ロスはユダヤ人だ。みんな育った背景は違うが、お互い助けあっていた。行っちゃいけない地区とか、入っちゃいけない場所があると言われたことは、一度もなかった。

2008年の住宅危機にはパコイマも大きな打撃を受け、地域の数百軒の家が差し押さえの憂き目にあった。景気後退が収まったあと、一団のアーティストたちが市民の誇りを表すため、街中に壁画を描きはじめた。今ではバンナイズ大通りがフットヒル大通りと交わるあたりからサン・フェルナンド・ロードにかけての通りは、「ミューラル・マイル（壁画通り）」と呼ばれている。そこにはリッチー・ヴァレンスの壁画もあれば、ソンブレロをかぶり弾帯をつけたイカした女盗賊のようなモナリザの壁画もあるし、アステカのシンボルつきサイバーパンク風聖母マリアの壁画もある。そして上半身裸の俺の壁画には、シボレーのピックアップ・トラックとオートバイが描いてある。

この壁画が完成したときには、お披露目セレモニーがあって、おふくろと見にきた。おふくろは思わず、この絵の真向かいの場所にあったタコス・スタンドのところで、俺がヤクを売って捕まった話をしはじめた。今じゃそれを笑い話にできる自分になれて、ほんとうによかったと思う。だが、そういう複雑な思いを俺が忘れることは決してない！ と胸を張って言える。俺の心も体も、パコイマを離れたことは一度もない。たとえ映画のロケでどんなところに行こうと、いつでもパコイマに帰ってくるのが待ちどおしくて仕方がないんだ。

Tacos, Burritos, Bowls & Quesadillas

タコス、ブリトー、ボウル、ケサディーヤ

サンゼルスは、ありとあらゆる種類のタコスとブリトーを自由に作りだしてきた。70年代には、『オーキー・ドッグ』というハリウッドのレストランがパストラミを入れたブリトーを考案し、パンク・ロッカーたちに大人気になった。10年前には、ロイ・チョイという韓国系アメリカ人がキムチとプルコギのたっぷり入った韓国風タコスをトラック屋台で売りだし、世界中へと広めた。『トレホズ・タコス』にはファラフェル［コロッケに似た中東料理］とチキン・ティッカ［インドやバングラデシュでよく食べられる鶏肉の料理］が入ったタコスがある。なぜって？　うまいからだ。理由はそれで十分だろう？　最近ではマクドナルドでさえ、グリルドチキンをトルティーヤに巻いたやつを売っている。名前は「ラップ」というらしいが、俺に言わせりゃ、なんて呼ぼうとあれはどっから見てもブリトーだ。

思うに、おふくろは俺にとって最初に独創的なタコスを生みだした人間だった。60年前、ソーセージをトルティーヤで巻いて俺に手渡してくれたのはおふくろだ。ソーセージをパンにはさんだホットドッグが出回るようになったのは、俺が7歳のときだった。それをひと目見て、「なんだこれ？　トルティーヤで巻いてないぞ」と思ったことを覚えている。

　しかし実際、タコス以上にロサンゼルスらしい、すばらしいものがほかにあるだろうか？　安くて手軽に食べられて、しかもフィリングにはメキシコのさまざまな地域の特色があらわれている。フィッシュ・タコスならバハ、アル・パストールはメキシコ・シティ、ビリアはハリスコ。俺が子どものころには、白人が食べないタンや胃袋のような牛の部位をトルティーヤに全部つめこんで売っているタコス屋があちこちにあった。

　今では、中古のショッピングカートみたいなスタンドで売っている、ワイヤーネットをグリル代わりにして焼いた1.5ドル（約200円）のタコスから、タコス・トラック、昔ながらのタコス屋台、そして14ドル（約1,800円）（そう、タコス1個の値段が14ドルってことだ）の高級タコスを出すレストランまで、さまざまな選択肢がある。

　ちょっと探せば、ロスにはタコスを食べられるところが山のようにある。夜にセザール・チャベス・アベニューを仲間と車で流していても、アメフトの試合のあと南カリフォルニア大学の近くでアメフト・ファンとたむろしているときも、必ずどこかにタコス・トラックや、期間限定の小さなレストランが店を出している。テントにライトを結びつけたような急ごしらえの店の一角には、ロスのあらゆる面をあらわす人々が集まっている。スポーツ・ファン、パンク・ロッカー、デリバリーの配達人、子ども連れの地元の家族、じいちゃんばあちゃんから赤ん坊まで、みんながタコスをほおばりながら。

RESTAURANT TACOS *versus* HOME TACOS

この章に載せたレシピには、うちの店でどうやってタコスやブリトー、ボウル、ケサディーヤといったメニューを組みたてているかが書かれている。もしも時間に余裕があって、書いてあるとおりにすべての素材がそろえられるなら、すでに名シェフになれる下地は整っている。またこの本を見ながらソースやサルサや肉料理などをいくつか作ってあるなら、タコスやブリトーはもう半分できたようなもんだ。これから初めてタコス作りに挑戦してみようと思うんだが、どうもあの素材は入れたくない——たとえばジャックフルーツ・タコス（124ページ）のコールスローにサルサ・ヴェルデをかけたくない——と思ったら、それはそれで全然OKだ（だが、いいか、本物の男はジャックフルーツを食うもんだ。あれは俺の大好物だ！）。味の層を重ねることは大事だが、全部をうちの店のとおりにやる必要はない。ピコ・デ・ガヨだけだって、十分うまい。タコス作りにルールはない。ロスの人間がみんなそうしているように、どんどん自分のやりたいように作ってくれ。

レシピに書いてある飾りやソースは、あくまでもそれがあればよりうまくなる、というヒントだ。シンプルなのが好きなら、カルニータスに刻んだコリアンダーとタマネギを載せるだけで、サルサがなくても十分うまいタコスができる。

タコスをレベルアップ

タコスのトッピングにはかなりこだわる。もちろん、トルティーヤの上に肉を置いてサルサをかけてコリアンダーを散らせば、それもタコスだ。だがうちの店に来たことのある人なら、どのタコスも細心の注意を払って盛りつけてあることを知っているだろう。肉と豆とほかのトッピングをまっすぐ、トルティーヤの片側から反対側まで均等に散らしながら並べる。さらにタマネギのピクルスやクレマ、コールスローなどを見栄えよく飾りつける。この見た目にも、食べかたにも、ちゃんとした理由がある。人はまず目で食べる、とよく言われる。だからうちのタコスは、テーブルに出したときに最高に美しく見えるように飾りつけをする。だが当然、見た目だけじゃなく、中身も大事だ。うちのタコスのフィリングは、さまざまな素材が絶妙に組みあわさって、ひと口食べるごとに調和と興奮が口の中に広がるんだ。

the FILLINGS

うちの店では、タコスはジャンクフードじゃない。もっとも、ジャンクなタコスが好きならそういうのも作るが。俺はどんな人にも、満足してもらいたいんだ。肉食でも菜食でも、ペスカタリアン（肉は食べないが魚は食べる人）でもヴィーガンでも、柔軟菜食（主に菜食だが、たまに肉も食べる人）でもグルテンフリーでも、とくに決めてない人も。だからうちの店には、バラエティゆたかなフィリングが用意してある。つまり俺が子どものころからタコス屋で食べて育ったような昔ながらのカルニータスや、おふくろのレシピを参考にしたブリスケットもあれば、ヴィーガン向けのマッシュルーム・アサーダやジャックフルーツもあるわけだ。

Choose YOUR FORMAT

ほかのメキシコ料理店と違って、うちの店では自分の好きな肉や野菜のフィリングを選んで、それをタコスにもブリトーにもできる。ほかにも、炭水化物を減らしたい人のために、サラダのような形で食べられるボウルも提供している。

Barbacoa Brisket

マスター・レシピ
バルバコア・ブリスケット

このブリスケットは、おふくろのバルバコアのレシピを参考にしたものだ。バルバコアとは、じっくり焼いて柔らかさと旨味を最大限に引き出したメキシコ・バージョンのブリスケットのことだ。俺にとってはおふくろのバルバコア以上のレシピは存在しないが、『トレホズ・タコス』のシェフ・チームはそれをもとに魔法のようなレシピを考え出してくれた。それによると、塩と砂糖と香り高いスパイスに肉をまる2日も漬けこむんだ。塩に漬けこむことにより肉にはいい味がついて柔らかくなり、そいつを焼くと、もう信じられないくらい柔らかくて甘くて香り高いバルバコアになる。

　1回作れば、4人家族で4、5日は食べられる。タコスにしたり、ブリトーにしたり、薄く切ってマッシュポテトに載せてもいいし（168ページ）、米といっしょに食べてもいい（171〜72ページ）。段取りとしては、金曜の朝に肉の塩漬けを仕込み、日曜の朝に焼き始める、というイメージだ。塩漬けが完了したら、1日かけてゆっくり低温で焼き上げる。その頃には、家中に香ばしい肉の匂いが充満していることだろう。焼けたブリスケットを鍋から出したら、肉汁を煮つめてリッチで味わいたっぷりのソースに仕上げる。これで日曜の夜には、幸せなディナータイムが待っているというわけだ。ついでにあと4、5日バリエーションも楽しめる。

　残りは冷凍してもいい。大きめのファスナーつきのフリーザーバッグに入れて、次に食べたくなるときまで、冷凍庫にしまっておこう。

6人分

[塩漬け用]
- ▶ **砂糖**：½カップ
- ▶ **コーシャー・ソルト**：½カップ
- ▶ **ニンニク**：4かけ、みじん切りにする
- ▶ **挽きたての黒コショウ**：大さじ2（76ページのトレホのアドバイス参照）
- ▶ **クミン・パウダー**：小さじ2
- ▶ **牛ブリスケット（カタバラ肉）**：1.8〜2.3キロ（4〜5ポンド）

[焼きつけ用]
- ▶ **植物油**：大さじ2
- ▶ **黄タマネギ**：中サイズ1個、薄切りにする
- ▶ **ニンニク**：1かけ、粗く刻む
- ▶ **チリ・パウダー**：大さじ1
- ▶ **コリアンダー・パウダー**：小さじ2
- ▶ **クミン・パウダー**：小さじ2
- ▶ **リンゴ酢**：¼カップ

- ▶ **ホールトマトの缶詰**：ジュース入り1個（約400グラム［14½オンス］）
- ▶ **アドボソース漬け缶詰に入ったチポトレ・ペッパー**：2個、刻む
- ▶ **乾燥ベイリーフ**：2枚
- ▶ **糖蜜**：¼カップ

肉を塩漬けにする ○ 小さなボウルの中に、砂糖、塩、ニンニク、コショウ、クミン・パウダーを合わせてよく混ぜる。

○ 混ぜたスパイスミックスを牛肉の両面に擦り込む。牛肉をラップで包んで大きなボウルかバットに入れ、48時間冷蔵庫でなじませる。

肉を焼きつける ○ オーブンを160℃(325F)に予熱する。

○ 肉を調理台の上に置き、ラップを外して余分なスパイスミックスをふきとる。大きくて重いスキレット(鋳鉄製がおすすめだ)を強めの中火にかけ、3分ほど熱する。油を入れて煙が立ちはじめるまで、さらに2分ほど熱する。スキレットが十分熱くなったら肉を入れ、片側に焼き目がつくまで5〜7分焼く。4分ぐらいたったら、肉にすりこんだスパイスミックスの砂糖が焦げすぎていないか確認する。肉をひっくり返して、反対側も5〜7分焼く。やはり4分たったら、焦げすぎていないかチェックする。

○ 焼けたら肉を深めのロースト鍋かダッチオーブンに移す。スキレットはまだ強めの中火にかけたままにしておく。

○ スキレットに残った肉汁にタマネギ、ニンニク、チリ・パウダー、コリアンダー・パウダー、クミン・パウダーを加え、香りが立つまで30秒ほど混ぜる。そこに酢を加え、木ベラで底にこびりついたカケラをこそげ落としながら、水分がほとんど蒸発するまで熱する。缶詰のホールトマトを手でつぶしながら、スキレットに入れる。缶に残ったトマトジュース、チポトレ・ペッパー、ベイリーフ、糖蜜を加える。水1½カップを注いで混ぜたら、できたソースを鍋にとっておいた肉の上にかける。ロースト鍋をアルミホイルできっちり覆い、オーブンに入れて肉がホロっと崩れるほどになるまで、8時間ほど焼く。

タコス、ブリトー、ボウル用 ○ 肉をロースト鍋からボウルに移す。ロースト鍋を中火にかけ、残った肉汁を半量になるまで10分ほど煮つめる。このソースを肉にかけ、フォーク2本を使って肉を細かくほぐす。

○ こうしてほぐした肉を、77、78ページのレシピにしたがってタコスやブリトー、ボウルに使う。

薄切り用 ○ 肉を薄切りにしてメイン・ディッシュとして出したいときは、肉をまな板に移す。ロースト鍋を中火にかけ、残った肉汁を半量になるまで10分ほど煮つめる。このソースを小さめのボウルかソースボートに入れる。よく切れるナイフで肉を横に切り、筋を切るように約2センチ(¾インチ)の厚さに切り分ける。先ほど作ったソースを添えて出す。

BARBACOA BRISKET TACOS

バルバコア・ブリスケット・タコス

じっくり焼いたバルバコアは、めちゃくちゃ柔らかくなる。
トルティーヤ・チップスを添えると、さらにうまさが増す。

12個分

- ▶ **コーン・トルティーヤ**：直径約15センチ（6インチ）のもの12枚
- ▶ **バルバコア・ブリスケット（74ページ）**：ほぐしたもの3カップ
- ▶ **ピコ・デ・ガヨ（48ページ）**：1½カップ
- ▶ **コティハ・チーズ**：砕いたもの大さじ2
- ▶ **トルティーヤ・チップス（レシピは囲み参照）**：½カップ
- ▶ **ライム**：2個、それぞれ6つのくし切りにする

○ オーブンを120℃（250F）に予熱しておく。

○ トルティーヤを重ねてアルミホイルに包み、オーブンに入れて、香りが立って柔らかくなるまで15分ほど温める。

○ トルティーヤをオーブンから出す。ホイルを開けて、作業台の上に盛りつけやすいように1枚ずつ並べる。

○ トルティーヤの中央に、ほぐした肉¼カップをスプーンを使ってまっすぐ並べる。肉の右側に、同じようにスプーンを使ってピコ・デ・ガヨを一列に並べる。肉とピコの上にコティハ・チーズを散らし、さらにトルティーヤ・チップスもパラパラとかける。ライムのくし切りを添えて出す。

自家製細切り トルティーヤ・チップス

トルティーヤ・チップスを作るのは簡単だ。トルティーヤを切り分けて、揚げればいい（残ったトルティーヤを消費するのにピッタリだ）。うちの店ではこれをタコスをはじめ、いろんな料理にかけているが、もちろん好きなように食べたらいい。クルトンのようにスープに浮かべたり、サラダにまぶしたりしてもいいし、揚げたてをそのままボウルから食べてもいける。

約2カップ分

- ▶ **キャノーラ油や植物油などの中性油**：2カップ
- ▶ **コーン・トルティーヤ**：直径約15センチ（6インチ）のもの6枚、長さ約5センチ（2インチ）・幅約3ミリ（⅛インチ）ほどの細切りにする
- ▶ **コーシャー・ソルト**：適宜

○ 中サイズのソースパンを中火にかけ、油を入れて180℃（350F）に熱する。

○ あまりたくさん入れすぎないように注意しながら、切り分けた細切りトルティーヤをひとかたまりずつ鍋に入れる。穴あきスプーンでひっくり返しながら、こんがりときつね色になるまで45秒から1分揚げる。穴あきスプーンですくって油から上げ、ペーパータオルを敷いた皿に載せて油を切ったら、塩をまぶす。密閉した容器に入れれば、2日はもつ。

BARBACOA BRISKET BURRITOS

バルバコア・ブリスケット・ブリトー

4個分

▶ **小麦粉のトルティーヤ**：直径約33センチ（13インチ）のもの、4枚
▶ **基本のブラックビーンズ**（170ページ）：1カップ、温める
▶ **バルバコア・ブリスケット**（74ページ）：ほぐしたもの2カップ
▶ **ピコ・デ・ガヨ**（48ページ）：1カップ、汁気を切る
▶ **赤タマネギ**：小サイズ½個、みじん切りにする
▶ **新鮮なコリアンダー**：刻んだもの¼カップ

◦ トルティーヤを大きめのスキレットに置いて中火にかけ、全体に火が通りところどころ軽く焼き目がつくまで、1分ほど熱する。トルティーヤをひっくり返し、裏面も同じように1分ほど熱する。温まったら皿に移し、冷めないようにふきんをかけておく。残りのトルティーヤも同様に熱する。

◦ 作業台にトルティーヤを並べる。トルティーヤの中央に、豆¼カップをスプーンを使ってまっすぐ並べる。豆の上にほぐした肉½カップを載せる。豆の右側に、ピコ・デ・ガヨを一列に並べ、上からタマネギとコリアンダーを散らす。トルティーヤの左右それぞれ約2.5センチ（1インチ）分を内側に折り込む。トルティーヤの手前を持って向こう側へ転がし、左右がきちんと折り込まれるように巻く。

BARBACOA BRISKET BOWLS

バルバコア・ブリスケット・ボウル

4杯分

▶ **スパニッシュ・ライス**（171ページ）：2カップ、温める
▶ **基本のブラックビーンズ**（170ページ）：2カップ、温める
▶ **ロースト・コーン**（163ページ）：2カップ
▶ **ピコ・デ・ガヨ**（48ページ）：1カップ
▶ **ロメインレタス**：細切りにしたもの1カップ
▶ **バルバコア・ブリスケット**（74ページ）：ほぐしたもの2カップ
▶ **赤タマネギ**：小サイズ½個、みじん切りにする
▶ **新鮮なコリアンダー**：刻んだもの¼カップ
▶ **細切りトルティーヤ・チップス**（77ページ参照）：¼カップ
▶ **コティハ・チーズ**：砕いたもの¼カップ
▶ **ライム**：1個、4つのくし切りにする

◦ 盛りつけ用ボウルに、4等分したライス、豆、コーン、ピコ・デ・ガヨ、レタス、ブリスケットを時計回りに盛る。タマネギ、コリアンダー、トルティーヤ・チップス、コティハ・チーズを飾る。ライムのくし切りを添えて出す。

Carne Asada

マスター・レシピ
カルネ・アサーダ

カルネ・アサーダは俺が昔から大好きな料理の1つだ。手ごろな値段の肉で簡単に作れて、しかもうまい。たいていは、フランクステーキ（ササミ）やフラップミート（カイノミ）、スカートステーキ（ハラミ）などの味はいいがちょっと硬めの肉を使う。コツは、高温で焼いてから、筋を横切るように薄くスライスすることだ。堅かった繊維が熱によって溶け、さらに筋を横切るように切ることにより、嚙んだときに繊維がほろほろと崩れるほどになる。

　しょうゆは伝統的なメキシコの調味料ではないが、うまいカルネ・アサーダを作るには欠かせない秘訣だ。塩だけで味つけするより、ずっと深くて香り高い風味を肉に与えてくれる。できればマリネ液を1日前に準備して、肉を一晩漬けておいてから焼くといい。

8人分

［マリネ用］
- **白タマネギ**：大サイズ½個、粗く刻む
- **アドボソース漬け缶詰に入ったチポトレ・ペッパー**：3個＋アドボソース大さじ2
- **ハラペーニョ**：中サイズ2個、粗く刻む
- **ニンニク**：6かけ
- **新鮮なコリアンダー**：½カップ、粗く刻む
- **オレンジジュース**：¾カップ（できれば生を絞ったもの）
- **ピュア・オリーブオイル**：½カップ
- **しょうゆ**：¼カップ
- **レモンの搾り汁**：1個分
- **クミン・パウダー**：大さじ1
- **スモーク・パプリカ**：大さじ1

- **牛フランクステーキ（ササミ）、フラップミート（カイノミ）、またはスカートステーキ（ハラミ）肉**：約1.4キロ（3ポンド）

肉をマリネする　●　フードプロセッサーかミキサーにタマネギ、チポトレ・ペッパー、アドボソース、ハラペーニョ、ニンニク、コリアンダー、オレンジジュース、オリーブオイル、しょうゆ、レモン汁、クミン・パウダー、パプリカを入れ、なめらかになるまで混ぜる（83ページの囲み参照）。できたマリネ液をジッパーつき保存袋か密閉容器に移す。

○肉を袋（か容器）に入れて、マリネ液の中にしっかり漬け、袋の口を閉じる（あるいは容器にふたをする）。冷蔵庫で一晩おく。

肉を焼く　●　肉をマリネ液から出し、残ったマリネ液はそのまま袋（か容器）に入れておく。肉をバットに入れ、室温に30分ほどおく。

○その間に、ガスまたは炭焼きバーベキュー・グリルを強めの中火で熱しておく。

○肉を焼き目がつくまで、5分ほど焼く。ひっくり返して、反対側も同じように焼き目がつくまで、5分ほど焼く。まな板に移して、5分ほど冷ましてから、肉の筋を横切るようにスライスする。

CARNE ASADA TACOS

カルネ・アサーダ・タコス

12個分

- ▶ **コーン・トルティーヤ**：直径約15センチ（6インチ）のもの12枚
- ▶ **グリーン・キャベツ**：細切りにしたもの1½ カップ
- ▶ **サルサ・ヴェルデ**（52ページ）：¼ カップ
- ▶ **カルネ・アサーダ**（80ページ）：3カップ
- ▶ **ライム**：2個、それぞれ6つのくし切りにする

◦ オーブンを120℃（250F）に予熱しておく。

◦ トルティーヤを重ねてアルミホイルに包み、オーブンに入れて、香りが立って柔らかくなるまで15分ほど温める。

◦ トルティーヤをオーブンから出す。ホイルを開けて、作業台の上に盛りつけやすいように1枚ずつ並べる。

◦ 中くらいのボウルに、細切りにしたキャベツとサルサ・ヴェルデを入れて混ぜる。カルネ・アサーダを12等分し、トルティーヤの中央にまっすぐ並べる。肉の右側に、サルサで和えたキャベツを同じように一列に並べる。ライムのくし切りを添えて出す。

CARNE ASADA
BOWLS
カルネ・アサーダ・ボウル

4杯分

- ▶ **スパニッシュ・ライス**（171ページ）：2カップ、温める
- ▶ **基本のブラックビーンズ**（170ページ）：2カップ、温める
- ▶ **ロースト・コーン**（163ページ）：2カップ
- ▶ **ピコ・デ・ガヨ**（48ページ）：1カップ
- ▶ **ロメインレタス**：細切りにしたもの1カップ
- ▶ **カルネ・アサーダ**（80ページ）：角切りにしたもの2カップ
- ▶ **ペピータ・ペスト**（56ページ）：½カップ
- ▶ **新鮮なコリアンダー**：刻んだもの¼カップ

○盛りつけ用ボウルに、4等分したライス、豆、コーン、ピコ・デ・ガヨ、レタス、カルネ・アサーダを時計回りに盛る。ペストをかけ、コリアンダーを散らす。

ミキサーは
必要？

カルネ・アサーダのマリネ液を作るのにミキサーやフードプロセッサーがなくても、まったく問題ない。マリネ液で大事なのは味であって、なめらかかどうかは関係ない。材料を手で切って混ぜるのはたしかに少々時間がかかるが、粗く刻んだマリネ液だって十分うまくできる。ただし肉を焼く前に、焦げつきを防ぐため、肉についた余分なマリネの材料をしっかりこそげ落としておこう。

CARNE ASADA
BURRITOS
カルネ・アサーダ・ブリトー

4個分

- ▶ **キャベツ**：細切りにしたもの½カップ
- ▶ **サルサ・ヴェルデ**（52ページ）：大さじ1
- ▶ **小麦粉のトルティーヤ**：直径約33センチ（13インチ）のもの、4枚
- ▶ **メキシカン・ブレンドのシュレッド・チーズ・ミックス**：½カップ、市販のものでも自分で作ってもいい（86ページ参照）
- ▶ **基本のブラックビーンズ**（170ページ）：1カップ、温める
- ▶ **スパニッシュ・ライス**（171ページ）：1カップ、温める
- ▶ **カルネ・アサーダ**（80ページ）：角切りにしたもの2カップ
- ▶ **ペピータ・ペスト**（56ページ）：½カップ
- ▶ **サルサ・ロハ**（53ページ）：½カップ

○中くらいのボウルに、細切りにしたキャベツとサルサ・ヴェルデを入れてよく混ぜ合わせる。

○トルティーヤを大きめのスキレットに置いて中火にかけ、全体に火が通りところどころ軽く焼き目がつくまで、1分ほど熱する。トルティーヤをひっくり返し、裏面も同じように1分ほど熱する。温まったら皿に移し、冷めないようにふきんをかけておく。残りのトルティーヤも同様に熱する。

○作業台にトルティーヤを並べる。トルティーヤの中央に、チーズ大さじ2をスプーンを使ってまっすぐ並べる。その上に豆¼カップ、ライス¼カップ、カルネ・アサーダ½カップを重ね、さらにサルサで和えたキャベツの¼量を載せる。全体にペピータ・ペストをかける。トルティーヤの左右それぞれ約2.5センチ（1インチ）分を内側に折り込む。トルティーヤの手前を持って向こう側へ転がし、左右がきちんと折り込まれるように巻く。サルサ・ロハを添えて出す。

Carnitas

マスター・レシピ
カルニータス

カルニータスはスペイン語で「小さい肉」という意味だ。なのに、まずは2.3キロ（5ポンド）の豚肉の塊を用意しろ、と言われたら意味がわからないよな。どこが「小さい肉」なんだ？

その名前の由来はこうだ。豚肩肉をハーブとトウガラシといっしょに、じっくりとろ火で蒸し煮にする。すると、とろとろに柔らかくなってスプーンで切れるほどになる。それを今度は熱したスキレットに入れ、カリカリに焼き目がつくまで押さえて焼きつける。すると豚肉は細かく崩れて、信じられないほど風味ゆたかな「小さな肉たち」ができあがるというわけだ。

タコスなら約20個分、ブリトーなら10個分、ボウルなら10杯分

▸ **ピュア・オリーブオイル**：大さじ2

▸ **骨なし豚肩肉**：約2.3キロ（5ポンド）、約5センチ（2インチ）角に切る

▸ **スライスベーコン**：パック入り340グラム（12オンス）、約5センチ（2インチ）幅に切る

▸ **挽きたての黒コショウ**：大さじ1

▸ **クミン・パウダー**：小さじ2

▸ **乾燥アルボル・ペッパーまたは乾燥レッド・ペッパー**：刻んだものまたはフレーク小さじ2

▸ **乾燥オレガノ**：小さじ1

▸ **コーシャー・ソルト**：小さじ2

▸ **乾燥ベイリーフ**：1枚

○ オーブンを180℃（350F）に予熱しておく。

○ 大きくて重い鍋またはダッチオーブンを強めの中火にかけ、油を入れてふつふつするまで2分ほど温める。豚肩肉とベーコンを入れ、肉の両面に焼き目がつき、ベーコンの油が溶けはじめるまで10分ほど焼く。

○ コショウ、クミン・パウダー、アルボル・ペッパー、オレガノ、塩、ベイリーフを加え、水4カップを注ぐ（水は豚肉が半分かぶるくらいが適量、少なければもう少し足す）。沸騰したら火からおろし、ふたをせずにオーブンに入れる。途中30分ごとに肉をひっくり返しながら、肉が柔らかく崩れるまで2時間ほど焼く。

○ 鍋をオーブンから出し、穴あきスプーンを使って豚肉をまな板に移す。ベーコンは捨てる。豚肉が少し冷めたら、ざっとほぐす。

○ 大きめの鋳鉄製またはノンスティック・スキレットを強めの中火にかけ、2分ほど熱する。ほぐした豚肉をひとかたまりずつスキレットに入れ（入れすぎないよう注意）、スパチュラで押さえてカリカリに焼き目がつくまで5分ほど焼きつける。焼けたら大きめのボウルに移し、残りの肉も同じように焼く。これでカルニータスは完成だ。タコスかブリトーかボウル、お好きな食べかたで召し上がれ。

グリルド・
パイナップル

こってりした塩味の豚肉と、甘くてちょっと刺激のあるパイナップルは、メキシコ料理の中でも抜群に相性のいい組みあわせだ。わざわざタコス用にパイナップルのグリルを作る意味はあるのかって？もちろんだ！ うちの店でパイナップルが残って困るって話は聞いたことがないからな。ただ1つだけ言っておく。缶詰のパイナップルは使っちゃダメだ！ 新鮮なグリルド・パイナップルの代わりには、絶対ならない。それならいっそ、ないほうがいい。

作りかたはこうだ。大きめのナイフで、パイナップルの頭の部分を切りおとす。次に底を切りおとしてまな板に立てる。まっすぐ立てたら、側面のトゲトゲした皮をパイナップルの形に沿ってそいでいく。次にパイナップルを横にして、輪切りにする。丸い小さなクッキー型かビスケット型を使って、輪切りの真ん中にある芯を抜く。ガス・グリル、炭焼きグリル、またはグリルパンを中火で熱する。スライスしたパイナップルをグリルに載せ、中火で両面がこんがりカラメルのようになるまで片面3分ずつ焼く。

グリルド・パイナップルが残ったら、朝食のヨーグルトに使ってもいいし、アイスクリームにも、サラダにも使える。そのまま食べても、もちろんうまい。

トレホのアドバイス

チーズをたっぷり

うちのレストランでは、モッツァレラ、モントレー・ジャック、アサデロ・チーズをブレンドした独自のチーズミックスをタコスやブリトー、ケサディーヤに使っているが、家で作るときはスーパーで売っているメキシカンスタイルのチーズミックスを使うのが便利だ。チーズミックスにはいろんな種類があり、なかにはチェダー・チーズやケソ・ケサディーヤの入ったものもあるが、どんなやつでもOKだ。

CARNITAS TACOS
カルニータス・タコス

12個分

▶ **コーン・トルティーヤ**：直径約15センチ（6インチ）のもの12枚
▶ **カルニータス**（84ページ）：3カップ
▶ **グリルド・パイナップル**（お好みで、左の囲み参照）：刻んだもの ½ カップ
▶ **赤タマネギのピクルス**（50ページ）：½ カップ
▶ **白タマネギ**：中サイズ ½ 個、みじん切りにする
▶ **新鮮なコリアンダー**：細かく刻んだもの ½ カップ
▶ **ライム**：1個、6つのくし切りにする
▶ **ホットソース**：トレホズ・ソース、タパティオ・ソース、チョルーラ・ソースなど

○ オーブンを120℃（250F）に予熱しておく。
○ トルティーヤを重ねてアルミホイルに包み、オーブンに入れて、香りが立って柔らかくなるまで15分ほど温める。
○ トルティーヤをオーブンから出す。ホイルを開けて、作業台の上に盛りつけやすいように1枚ずつ並べる。カルニータス（タコス1個あたり約 ¼ カップ）をトルティーヤの中央にまっすぐ並べる。肉の上にグリルド・パイナップル（使う場合）、タマネギのピクルス、白タマネギ、コリアンダーを載せる。ライムのくし切りとホットソースを添えて出す。

CARNITAS BURRITOS

カルニータス・ブリトー

4個分

▶ **小麦粉のトルティーヤ**：直径約33センチ（13インチ）のもの、4枚
▶ **基本のブラックビーンズ（170ページ）**：1カップ、温める
▶ **カルニータス（84ページ）**：2カップ、温める
▶ **スパニッシュ・ライス（171ページ）**：1カップ、温める
▶ **メキシカン・ブレンドのシュレッド・チーズ・ミックス**：½カップ、市販のものでも自分で作ってもいい（前ページのトレホのアドバイス参照）
▶ **ホットソース**：トレホズ・ソース、タパティオ・ソース、チョルーラ・ソースなど
▶ **赤キャベツ**：1カップ、細切りにする
▶ **ピコ・デ・ガヨ（48ページ）**：1カップ、汁気を切る
▶ **グリルド・パイナップル（前ページの囲み参照）**：刻んだもの½カップ
▶ **赤タマネギ**：¼カップ、みじん切りにする
▶ **新鮮なコリアンダー**：刻んだもの¼カップ
▶ **サルサ・ロハ（53ページ）**：¼カップ

○トルティーヤを大きめのスキレットに置いて中火にかけ、全体に火が通りところどころ軽く焼き目がつくまで、1分ほど熱する。トルティーヤをひっくり返し、裏面も同じように1分ほど熱する。温まったら皿に移し、冷めないようにふきんをかけておく。残りのトルティーヤも同様に熱する。
○作業台にトルティーヤを並べる。トルティーヤの中央に、豆¼カップをまっすぐ並べる。豆の上にカルニータス½カップ、ライス¼カップを載せる。チーズを散らし、さらにホットソースをかける。次にキャベツとピコ・デ・ガヨを載せ、上からパイナップル、タマネギ、コリアンダーを散らす。トルティーヤの左右それぞれ約2.5センチ（1インチ）分を内側に折り込む。トルティーヤの手前を持って向こう側へ転がし、左右がきちんと折り込まれるように巻く。サルサ・ロハを添えて出す。

CARNITAS BOWLS

カルニータス・ボウル

4杯分

▶ **スパニッシュ・ライス（171ページ）**：2カップ、温める
▶ **基本のブラックビーンズ（170ページ）**：2カップ、温める
▶ **ロースト・コーン（163ページ）**：2カップ
▶ **ピコ・デ・ガヨ（48ページ）**：1カップ
▶ **ロメインレタス**：細切りにしたもの1カップ
▶ **カルニータス（84ページ）**：2カップ
▶ **ホットソース**：トレホズ・ソース、チョルーラ・ソース、タパティオ・ソース、など、½カップ
▶ **グリルド・パイナップル（前ページの囲み参照）**：刻んだもの¼カップ
▶ **赤タマネギ**：みじん切りにしたもの¼カップ
▶ **新鮮なコリアンダー**：刻んだもの¼カップ

○盛りつけ用ボウルに、4等分したライス、豆、コーン、ピコ・デ・ガヨ、レタス、カルニータスを時計回りに盛る。ホットソースをかけ、パイナップル、タマネギ、コリアンダーを散らす。

Chicken Tikka

マスター・レシピ
チキン・ティッカ

インド風のタコスは、ありとあらゆる変わったタコスがあるロサンゼルスでさえ、ちょっと珍しいかもしれない。だが1回食べれば、なぜ俺がすすめるのかわかるはずだ。じつは、街中いたるとこで見つかるタコス・トラックで普通に売っている、アル・パストール・ポーク・タコス（ピリ辛でクミン風味の効いたオレンジ色のタコス）に近いものがある。ただ、このチキン・ティッカは、たとえタコス用に作ったとしても、うますぎてついついチキンだけ先に食べてしまう、なんてことがしょっちゅうあるんだ。

4〜6人分

［ティッカ・ソース用］

- ▶ **キャノーラ油**：大さじ2
- ▶ **白または黄タマネギ**：中サイズ1個、縦半分に切ってから、横にスライスする
- ▶ **ブラウンまたはブラック・マスタード・シード**：大さじ1
- ▶ **ジンジャー・パウダー**：小さじ1½
- ▶ **ガーリック・パウダー**：小さじ1½
- ▶ **アサフェティーダ（トレホのアドバイス、90ページ参照）**：小さじ1
- ▶ **クミン・パウダー**：大さじ2
- ▶ **コリアンダー・シード**：大さじ2
- ▶ **ターメリック・パウダー**：大さじ1
- ▶ **カイエン・ペッパー**：小さじ½
- ▶ **ホールトマトの缶詰**：汁ごと1カップ
- ▶ **コーシャー・ソルト**：大さじ1
- ▶ **蒸留ホワイト・ビネガー**：½カップ
- ▶ **シナモン・スティック**：1本

［チキン・ティッカ用］

- ▶ **キャノーラ油**：大さじ2
- ▶ **骨なし鶏胸肉またはもも肉**：約1キロ（2ポンド）、皮を除いて約1.5センチ（½インチ）角に切る
- ▶ **コーシャー・ソルト**：小さじ1½
- ▶ **挽きたての黒コショウ**：小さじ1

トレホのアドバイス

秘密の調味料

アサフェティーダはインド料理ではおなじみの調味料で、ニンニクに似た独特の刺激のある香りをもたらす。ほかの調味料と組みあわせてほんの少しだけ使うことで、味にもう一段階深みが加わる。最近では、ほかのたいていの材料と同じく、アマゾンで簡単に手に入るが、地元のスーパーやインド食材店、スパイス・ショップなどでも買える場合がある。だが手に入らないなら、無理に探すことはない。アサフェティーダがなくても、十分うまいティッカは作れる。ただ、こいつはいわば魔法の調味料で、これがあると、ただでさえうまい料理が伝説級のうまさにグレードアップするんだ。

ティッカ・ソースの保存

このレシピでは3カップ分のソースができるので、半分すぐに使って、あと半分は保存しておいてもいい。密閉容器に入れて冷凍すれば、1か月は大丈夫だ。

ティッカ・ソースを作る ◦ 大きめのソースパンを中火にかけ、キャノーラ油をふつふつするまで2分ほど熱する。タマネギを入れてときどき混ぜながら、軽く焼き目がつくまで5〜7分炒める。マスタード・シード、ジンジャー・パウダー、ガーリック・パウダー、アサフェティーダ、クミン・パウダー、コリアンダー・シード、ターメリック・パウダー、カイエン・ペッパーを加え、香りが立つまで1分ほど混ぜながら炒める。さらにトマト、塩、ビネガー、シナモン・スティックを加え、水½カップを足して沸騰させる。沸騰したら火を少し弱め、ソースにコクが出て味がよくなじむまで10分ほど煮る。シナモン・スティックを取り除いて、ソースをミキサーに移し、十分なめらかになるまで混ぜる。

チキンを焼く ◦ 大きめのスキレットを強火にかけ、2分ほど熱する。油を入れて、ふつふつするまでさらに1分ほど熱する。鶏肉を入れて塩コショウで味付けし、そのまま動かさずに、下にした側に十分焼き目がつくまで5分ほど焼く。全体を混ぜて、鶏肉の全面に軽く焼き目がつくまで、もう3分ほど焼く（ここで完全に火を通す必要はない）。ティッカ・ソース（トレホのアドバイス参照）1½カップを加え、よく混ぜる。鶏肉にしっかりソースがからみ、完全に火が通るまで、3分ほど熱する。タコス、ブリトー、ボウル、お好みの食べかたで。ライスにかけてもいける。

CHICKEN TIKKA TACOS

チキン・ティッカ・タコス

8個分

- ▶ **小麦粉のトルティーヤ**：直径約13〜15センチ（5〜6インチ）のもの、8枚
- ▶ **エスカベッシュ・ミント・クレマ**（58ページ）：½カップ
- ▶ **スパニッシュ・ライス**（171ページ）：½カップ、温める
- ▶ **チキン・ティッカ**（88ページ）：2カップ
- ▶ **ピコ・デ・ガヨ**（48ページ）：1カップ
- ▶ **ライム**：2個、それぞれ4つのくし切りにする

○ オーブンを120℃（250F）に予熱しておく。
○ トルティーヤを重ねてアルミホイルに包み、オーブンに入れて、香りが立って柔らかくなるまで15分ほど温める。
○ トルティーヤをオーブンから出す。ホイルを開けて、作業台の上に盛りつけやすいように1枚ずつ並べる。エスカベッシュ・ミント・クレマを、スプーンを使ってトルティーヤの中央にまっすぐ並べる。クレマの上にライスを載せ、その上に鶏肉を載せて、上からピコ・デ・ガヨをスプーンでかける。ライムのくし切りを添えて出す。

CHICKEN TIKKA BURRITOS

チキン・ティッカ・ブリトー

4個分

- ▶ **小麦粉のトルティーヤ**：直径約33センチ（13インチ）のもの、4枚
- ▶ **メキシカン・ブレンドのシュレッド・チーズ・ミックス**：½カップ、市販のものでも自分で作ってもいい（86ページ参照）
- ▶ **スパニッシュ・ライス**（171ページ）：1カップ、温める
- ▶ **基本のブラックビーンズ**（170ページ）：1カップ、温める
- ▶ **チキン・ティッカ**（88ページ）：2カップ
- ▶ **ピコ・デ・ガヨ**（48ページ）：1カップ、汁気を切る
- ▶ **サルサ・ロハ**（53ページ）：½カップ
- ▶ **エスカベッシュ・ミント・クレマ**（58ページ）：½カップ

○ トルティーヤを大きめのスキレットに置いて中火にかけ、全体に火が通りところどころ軽く焼き目がつくまで、1分ほど熱する。トルティーヤをひっくり返し、裏面も同じように1分ほど熱する。温まったら皿に移し、冷めないようにふきんをかけておく。残りのトルティーヤも同様に熱する。
○ 作業台にトルティーヤを並べる。トルティーヤの中央に、チーズ大さじ2をスプーンを使ってまっすぐ並べる。その上にライス¼カップ、豆¼カップ、チキン・ティッカ½カップを重ね、さらにピコ・デ・ガヨ¼カップを載せる。トルティーヤの左右それぞれ約2.5センチ（1インチ）分を内側に折り込む。トルティーヤの手前を持って向こう側へ転がし、左右がきちんと折り込まれるように巻く。サルサ・ロハとエスカベッシュ・ミント・クレマを添えて出す。

CHICKEN TIKKA BOWLS

チキン・ティッカ・ボウル

4杯分

- ▶ **スパニッシュ・ライス**（171ページ）：2カップ、温める
- ▶ **基本のブラックビーンズ**（170ページ）：2カップ、温める
- ▶ **ロースト・コーン**（163ページ）：2カップ
- ▶ **ピコ・デ・ガヨ**（48ページ）：1カップ
- ▶ **ロメインレタス**：細切りにしたもの1カップ
- ▶ **チキン・ティッカ**（88ページ）：2カップ
- ▶ **エスカベッシュ・ミント・クレマ**（58ページ）：½カップ
- ▶ **新鮮なコリアンダー**：刻んだもの¼カップ

◎盛りつけ用ボウルに、4等分したライス、豆、コーン、ピコ・デ・ガヨ、レタス、チキン・ティッカを時計回りに盛る。エスカベッシュ・ミント・クレマをかけ、コリアンダーを散らす。

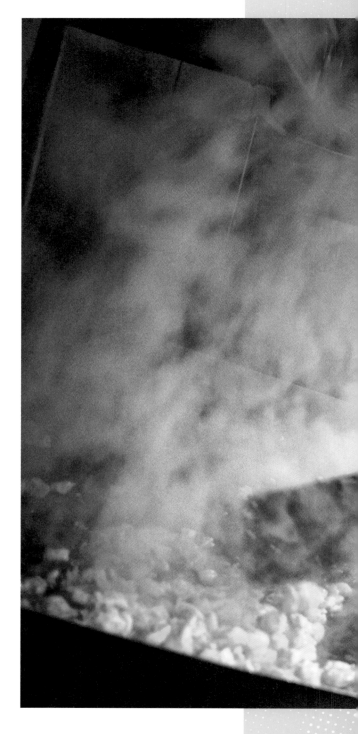

Trejo's Grilled Chicken

マスター・レシピ
トレホのグリルド・チキン

うちの店のグリルド・チキン・タコスやボウルやブリトーには、このレシピで作ったチキンが入っている。もちろん、焼いたチキンをそのままライスやサラダといっしょに食べてもいい。マリネの前にひと手間かけて鶏胸肉に塩をふっておくと、肉が柔らかくなるだけでなく、味もぐんとよくなる。

4〜6人分

- ▶ **ライムの搾り汁**：1個分
- ▶ **チポトレ・ペッパーのアドボソース漬け缶詰**：アドボソース大さじ1
- ▶ **スウィート・パプリカ**：大さじ1
- ▶ **クミン・パウダー**：小さじ1
- ▶ **乾燥オレガノ**：小さじ1
- ▶ **骨なし鶏胸肉またはもも肉**：2枚、皮を取り除き、縦半分にして薄く4枚に切り分ける
- ▶ **コーシャー・ソルト**：小さじ2
- ▶ **挽きたての黒コショウ**：小さじ1

チキンをマリネする ○ 大きめのボウルにライムの搾り汁、アドボソース、パプリカ、クミン、オレガノを入れて混ぜる。
○ 鶏肉に塩コショウしてからマリネ液に漬ける。ボウルにラップをかけ、冷蔵庫で少なくとも1時間、できれば一晩おいて味をしみこませる。

チキンを焼く ○ マリネ液から鶏肉を出し、汁気はボウルに落としてよく切る。鶏肉は皿に載せて、30分室温に置く（そうすることで速く均一に火が通り、よりジューシーに焼きあがる）。
○ そのあいだにガスまたは炭火のグリルを強めの中火で熱しておく。（フライパンで焼くときは、97ページの囲みを参照）
○ 鶏肉をグリルの上に置き、いい感じに焼き目がつくまで5分ほど焼く。ひっくり返し、裏側にもグリルの焼き目がつくまで5分ほど焼けばできあがり。鶏肉をグリルから下ろして、約1.5センチ（½インチ）角に切る。

GRILLED CHICKEN TACOS
グリルド・チキン・タコス

12個分

- ▶ **コーン・トルティーヤ**：直径約15センチ（6インチ）のもの、12枚
- ▶ **キャベツ**：細切りにしたもの1½カップ
- ▶ **サルサ・ヴェルデ（52ページ）**：¼カップ
- ▶ **トレホのグリルド・チキン（94ページ）**：レシピ1回分（鶏肉2枚）、細かく刻む
- ▶ **ピコ・デ・ガヨ（48ページ）**：1カップ
- ▶ **ライム**：2個、それぞれ6つのくし切りにする

◦ オーブンを120℃（250F）に予熱しておく。
◦ トルティーヤを重ねてアルミホイルに包み、オーブンに入れて、香りが立って柔らかくなるまで15分ほど温める。
◦ トルティーヤをオーブンから出す。ホイルを開けて、作業台の上に盛りつけやすいように1枚ずつ並べる。
◦ 中くらいのボウルに、細切りにしたキャベツとサルサ・ヴェルデを入れて混ぜる。グリルド・チキンを、トルティーヤの中央にまっすぐ並べる。チキンの上にサルサと和えたキャベツを載せ、その上からピコ・デ・ガヨをまっすぐかける。ライムのくし切りを添えて出す。

GRILLED CHICKEN BURRITOS
グリルド・チキン・ブリトー

4個分

- ▶ **キャベツ**：細切りにしたもの½カップ
- ▶ **サルサ・ヴェルデ（52ページ）**：大さじ1
- ▶ **小麦粉のトルティーヤ**：直径約33センチ（13インチ）のもの、4枚
- ▶ **メキシカン・ブレンドのシュレッド・チーズ・ミックス**：½カップ、市販のものでも自分で作ってもいい（86ページ参照）
- ▶ **スパニッシュ・ライス（171ページ）**：1カップ、温める
- ▶ **基本のブラックビーンズ（170ページ）**：1カップ、温める
- ▶ **トレホのグリルド・チキン（94ページ）**：レシピ1回分（鶏肉2枚）、角切りにする（2カップ）
- ▶ **ピコ・デ・ガヨ（48ページ）**：½カップ
- ▶ **サルサ・ロハ（53ページ）**：½カップ

◦ 中くらいのボウルに、細切りにしたキャベツとサルサ・ヴェルデを入れてよく混ぜる。
◦ トルティーヤを大きめのスキレットに置いて中火にかけ、全体に火が通りところどころ軽く焼き目がつくまで、1分ほど熱する。トルティーヤをひっくり返し、裏面も同じように1分ほど熱する。温まったら皿に移し、冷めないようにふきんをかけておく。残りのトルティーヤも同様に熱する。
◦ 作業台にトルティーヤを並べる。トルティーヤの中央に、チーズ大さじ2をスプーンを使ってまっすぐ並べる。その上にライス¼カップ、豆¼カップ、グリルド・チキン½カップを重ね、さらにピコ・デ・ガヨ大さじ2とサルサと和えたキャベツ大さじ2を載せる。トルティーヤの左右それぞれ約2.5センチ（1インチ）分を内側に折り込む。トルティーヤの手前を持って向こう側へ転がし、左右がきちんと折り込まれるように巻く。サルサ・ロハを添えて出す。

GRILLED CHICKEN BOWLS
グリルド・チキン・ボウル

4杯分

- ▶ **スパニッシュ・ライス**（171ページ）：2カップ、温める
- ▶ **基本のブラックビーンズ**（170ページ）：2カップ、温める
- ▶ **ロースト・コーン**（163ページ）：2カップ
- ▶ **ピコ・デ・ガヨ**（48ページ）：1カップ
- ▶ **ロメインレタス**：細切りにしたもの1カップ
- ▶ **トレホのグリルド・チキン**（94ページ）：レシピ1回分（鶏肉2枚）、角切りにする（2カップ）
- ▶ **サルサ・ヴェルデ**（52ページ）：½ カップ
- ▶ **新鮮なコリアンダー**：刻んだもの ¼ カップ

○ 盛りつけ用ボウルに、4等分したライス、豆、コーン、ピコ・デ・ガヨ、レタス、グリルド・チキンを時計回りに盛る。サルサ・ヴェルデをかけ、コリアンダーを散らす。

フライパンを焼きつける

『トレホズ・タコス』のバーベキュー・グリルは260℃（500F）にもなる。こんな高温で肉を焼くことは、ふつうの家ではまず無理だ。鶏肉その他の肉を焼くのにグリルではなくフライパンを使いたいという人は、まず換気扇があるなら最強で回し、窓は全開にしておくこと。それから、大きめの鋳鉄製のフライパンまたはスキレットを強火で2分間熱する。そこへサフラワー油やキャノーラ油などの中性油大さじ2を入れ、煙が立つまで3〜5分間熱したら、肉を入れてレシピの指示どおりに焼く。

Trejo's Fried Chicken

マスター・レシピ
トレホのフライド・チキン

フライド・チキンは俺の大好物だ。パンチのきいたカイエン・ペッパーをはじめとするいろんなスパイスを加えて、カリッカリのサックサクになるまで揚げる。そのまま食べても超うまいが、サルサをかけたり、タコスやブリトーに入れたり、レタスで巻いたりしても、ぜんぜん違うレベルのうまさが楽しめる。揚げる30分前に冷蔵庫から出して室温になじませておくと、速く均一に火が通る。さらに、室温に戻しているあいだに塩をもみこんでおくといい。塩は肉をおいしくするコツで、もみこむことにより風味が良くなりジューシーさも増す。

4人分

- **骨なし鶏もも肉**：680グラム（1½ポンド）
- **コーシャー・ソルト**：小さじ3
- **中力粉**：4カップ
- **ガーリック・パウダー**：大さじ2
- **オニオン・パウダー**：大さじ2
- **乾燥オレガノ**：小さじ1½
- **スウィート・パプリカ**：小さじ1½
- **カイエン・ペッパー**：小さじ½
- **挽きたての黒コショウ**：小さじ½
- **キャノーラ油**：4カップ
- **バターミルク**[日本では入手困難だがプレーンヨーグルトかサワークリームで代用できる]：2カップ

○鶏もも肉を約2.5センチ（1インチ）幅に切る。切った肉をボウルに入れ、塩小さじ2をまぶす。室温に30分おいておく。

○中サイズのボウルに、中力粉、ガーリック・パウダー、オニオン・パウダー、オレガノ、パプリカ、カイエン・ペッパー、塩の残り、黒コショウを入れて混ぜる。

○底の厚い大きめの鍋に油を入れて強めの中火にかけ、温度計が180℃（350F）になるまで熱する。

○鶏肉の入ったボウルの水分を捨てて、バターミルクを全体に注ぐ。鶏肉をバターミルクから出

してよく水分を切り、スパイスを混ぜた粉にくぐらせてから、余分な粉をはたいて落とす。熱した油に鶏肉2、3個をゆっくりと入れ（あまり一度にたくさん入れすぎないこと）、何度かひっくりかえしながら、こんがり金色になるまで7〜10分揚げる。火が通ったかどうか確認するには、1個鍋から上げてみて内部の温度を温度計ではかり、75℃（165F）あればOKだ。ワイヤーラックかペーパータオルの上に揚がった鶏肉を載せて油を切り、残りの肉も同じように揚げる。熱々でも、室温に冷ましてからでも、お好みで。

FRIED CHICKEN TACOS

フライド・チキン・タコス

コーン・トルティーヤの代わりに、レタスで巻いてもいい。これはカリフォルニアの『インアンドアウト・バーガー』用語でいうところの「プロテイン・スタイル」、つまりちょっとだけヘルシーなバージョンってことだ。

12個分

▶ **コーン・トルティーヤまたはビブ・レタスの葉**：直径約15センチ（6インチ）のもの、12枚
▶ **赤キャベツ**：細切りにしたもの2カップ
▶ **チポトレ・クレマ（60ページ）**：½カップ
▶ **ピュア・オリーブオイル**：大さじ2
▶ **コーシャー・ソルト**：少々
▶ **挽きたての黒コショウ**：少々
▶ **トレホのフライド・チキン（98ページ）**：レシピ1回分
▶ **ピコ・デ・ガヨ（48ページ）**：1½カップ

○オーブンを120℃（250F）に予熱しておく。
○トルティーヤを重ねてアルミホイルに包み、オーブンに入れて、香りが立って柔らかくなるまで15分ほど温める。
○その間に、中サイズのボウルにキャベツ、チポトレ・クレマ¼カップ、オリーブオイルを入れて混ぜ、必要なら塩コショウで味を整えておく。
○トルティーヤをオーブンから出す。ホイルを開けて、作業台の上に盛りつけやすいように1枚ずつ並べる。先ほどの混ぜたキャベツを12等分して、中央にまっすぐ並べる。フライド・チキンをその上に載せ、残りのチポトレ・クレマをかけたら、ピコ・デ・ガヨを添えて出す。

FRIED CHICKEN BURRITOS

フライド・チキン・ブリトー

4個分

▶ **赤キャベツ**：細切りにしたもの、1カップ
▶ **チポトレ・クレマ（60ページ）**：¼カップ
▶ **ピュア・オリーブオイル**：大さじ1
▶ **コーシャー・ソルト**：少々
▶ **挽きたての黒コショウ**：少々
▶ **小麦粉のトルティーヤ**：直径約33センチ（13インチ）のもの、4枚
▶ **メキシカン・ブレンドのシュレッド・チーズ・ミックス**：½カップ、市販のものでも自分で作ってもいい（86ページ参照）
▶ **スパニッシュ・ライス（171ページ）**：1カップ、温める
▶ **基本のブラックビーンズ（170ページ）**：1カップ、温める
▶ **トレホのフライド・チキン（98ページ）**：レシピ1回分、角切りにする（2カップ）
▶ **ピコ・デ・ガヨ（48ページ）**：1カップ、汁気を切る

○中くらいのボウルに、細切りにしたキャベツ、チポトレ・クレマ大さじ1、オリーブオイルを入れて混ぜ、塩コショウで味を整える。
○トルティーヤを大きめのスキレットに置いて中火にかけ、全体に火が通りところどころ軽く焼き目がつくまで、1分ほど熱する。トルティーヤをひっくり返し、裏面も同じように1分ほど温める。温まったら皿に移し、冷めないようにふきんをかけておく。残りのトルティーヤも同様に温める。
○作業台にトルティーヤを並べる。トルティーヤの中央に、チーズ大さじ2をまっすぐ並べる。その上にライス¼カップ、豆¼カップ、フライド・チキン½カップを重ねる。さらに混ぜたキャベツ¼カップとピコ・デ・ガヨ¼カップを載せる。トルティーヤの左右それぞれ約2.5センチ（1インチ）分を内側に折り込む。トルティーヤの手前を持って向こう側へ転がし、左右がきちんと折り込まれるように巻く。

Citrus, Herb & Garlic Shrimp

マスター・レシピ
シトラス・ハーブ＆ガーリック・シュリンプ

このエビのフィリングの作り方はシュリンプ・トスターダ（104ページ）とほぼ同じだが、トスターダとは要はカリカリの皮にフィリングを載せたオープンタコスのことなので、もちろんこのフィリングをタコスにもボウルにもブリトーにもできる。また、チポトレ・シュリンプ・カクテル・ソース（64ページ）にもよく合う。106ページに載せたクラシック・フィッシュ・タコスの魚の代わりにこのエビを使ってもいいし、120ページのスパイシー・ディアブロ・シュリンプ・ブリトーのエビの代わりにこのレシピを使ってもいい。

4〜6人分

- **葉タマネギ**：6本、白と薄緑色の部分を約2.5センチ（1インチ）の長さに切る
- **新鮮なイタリアンパセリ**：粗く刻んだもの¼カップ
- **新鮮なコリアンダー**：粗く刻んだもの¼カップ
- **レモンの皮**：すりおろしたもの大さじ1（レモン1、2個分）
- **ライムの皮**：すりおろしたもの大さじ1（ライム3、4個分）
- **ニンニク**：2かけ、みじん切りにする
- **コーシャー・ソルト**：小さじ1
- **ピュア・オリーブオイル**：½カップ
- **エビ**：中サイズ900グラム（2ポンド）、皮をむいて背ワタをとる

○ フードプロセッサーまたはミキサーに葉タマネギ、パセリ、コリアンダー、レモンとライムの皮、ニンニク、塩を入れ、細かくなるまで回す。混ざったものを大きめのボウルに移し、オリーブオイルを混ぜ入れたら、エビを入れてよくからめる。少なくとも30分、できれば1時間そのまま漬けこむ。

○ その間に、ガスまたは炭火のグリルを強めの中火で熱しておく。

○ エビをマリネ液から出し、余分な液をよく切る。エビが透明でなくなり軽く焼き目がつくまで、3分ほど焼く。ひっくり返して、裏側も同じようにもう3分ほど焼く。トスターダやタコス、ブリトーなどに入れて食べる。

トレホのアドバイス

自家製トスターダ

ロス周辺のメキシカン・マーケットやたいていの食料品店のトルティーヤ売り場に行けば、カリカリのトスターダが簡単に手に入る(そう、ロスのスーパーには広大なトルティーヤ売り場がある。だからロスは最高なんだ)。だが自分ちの近くにはない、というなら、自分で作ればいい。大きめの深いソースパンに、植物油などの中性油を少なくとも5センチ(2インチ)くらい入れる。中火にかけて、温度計で測って180℃(350F)になるまで熱する。トングを使って直径約15センチ(6インチ)のコーン・トルティーヤを1枚ずつそっと入れ、こんがりきつね色になるまで1分ほど揚げる。ペーパータオルか金網に載せて油を切る。固まってパリッとするまで冷ます。

タヒン・シーズニングって?

ロスの街角の屋台でカットフルーツを買ったことがあるなら、タヒン・シーズニングを目にしたことがあるだろう。トウガラシとライムの味がする赤いスパイス・ミックス・パウダーで、メキシコ系の子どもはみんな小さいころから、このパウダーをフルーツやキュウリにかけて食べている。メキシコ系の母親たちが、子どもに野菜を食べさせるのに使う賢いアイディアの1つだ。1瓶買っておけば、シュリンプ・トスターダにもフィッシュ・タコスにも使える。それだけでなく、マルガリータ・ソルトに合わせてもいいし、カット・マンゴーやスイカにかけてもいける。

SHRIMP TOSTADAS
シュリンプ・トスターダ

8個分

- **オレンジ**:小サイズ2個
- **トスターダ**:直径約13センチ(5インチ)のもの8枚、店で買っても自分で作ってもいい(トレホのアドバイス参照)
- **アボカド**:2個、半分に割って種をとり、皮をむいて薄くスライスする
- **レタス**:細切りにしたもの1½カップ
- **チェリートマト**:約2¼カップ(1パイント)、4つに割る
- **シトラス・ハーブ&ガーリック・シュリンプ**(102ページ):レシピ1回分
- **タヒン・シーズニング**(トレホのアドバイス参照)
- **新鮮なコリアンダー**:みじん切りにしたもの½カップ

◎ オレンジの頭と底を切り落とす。まっすぐに立てて皮をそいだら、縦割りに房に沿って切り分ける。薄皮をとって房の中身を出し、ボウルに入れる。

◎ トスターダを作業台の上に並べ、スライスしたアボカドを載せる。レタスをその上に散らし、さらにオレンジの房、トマト、エビを盛る。タヒン・シーズニングで味をととのえ、コリアンダーを散らして出す。

CLASSIC FISH TACOS

クラシック・フィッシュ・タコス

このタコスはとてもシンプルだ。火を使う材料はほとんどなく、ふだんの夕食に20分ぐらいでサッと作れる。調理も揚げるのではなくフライパンで焼くので、うちの店で出している3種類のフィッシュ・タコスの中でいちばんヘルシーなメニューだ。ペスカタリアンなら、きっと大のお気に入りになるだろう。毎日食べたら、永遠に生きられるかもしれない。

8個分

▶ **新鮮なタラの切り身**：680グラム（1½ポンド）、8センチ（3インチ）ほどに切り分ける

▶ **コーシャー・ソルト**

▶ **挽きたての黒コショウ**

▶ **ピュア・オリーブオイル**：大さじ4

▶ **ライム**：1個、半分に切る

▶ **赤キャベツまたはグリーン・キャベツ**：細切りにしたもの1カップ

▶ **クミン・クレマ**（60ページ）：¼ カップ

▶ **新鮮なコリアンダー**：刻んだもの ¼ カップ

▶ **コーン・トルティーヤ**：直径約15センチ（6インチ）のもの8枚

▶ **ピコ・デ・ガヨ**（48ページ）：¼ カップ

○ ペーパータオルでタラの水分をふきとり、塩コショウする。大きめのフライパンを強めの中火にかけ、オイルを大さじ2入れて、ふつふつするまで2分ほど熱する。タラを入れて、軽く焼き目がつき全体に火が通るまで、片側3分ずつ焼く。焼けたタラをスパチュラを使って大きめの皿に移し、ライムをその上に搾る。

○ 中サイズのボウルに、キャベツとオイルの残り大さじ2を入れて和え、さらにクミン・クレマ、コリアンダーを加えて、塩で味をととのえる。

○ オーブンを120℃（250F）に予熱しておく。

○ トルティーヤを重ねてアルミホイルに包み、オーブンに入れて、香りが立って柔らかくなるまで15分ほど温める。

○ トルティーヤをオーブンから出す。ホイルを開けて、作業台の上に盛りつけやすいように1枚ずつ並べる。先ほどの和えたキャベツを8等分して、トルティーヤに載せる。焼いたタラとピコ・デ・ガヨをその上に載せて出す。

『トレホズ・タコス』の
〈フロム・ダスク・ティル・ドーン〉

ロサンゼルス空港からパサデナまで、ロサンゼルスのいたるところにある『トレホズ・タコス』では、1週間1日の休みもなく、シェフやベーカー、バーテンダー、ウェイター、ウェイトレスたちが忙しく立ち働いている。うちの店の平均的な1日は、こんな感じだ。

午前3時30分 ハリウッドにある『トレホズ・コーヒー＆ドーナツ』にベーカーたちが出勤してきて、ドーナツ用の生地の塊4つを発酵させはじめる。この生地から1日1,000個のドーナツが生まれる。

午前5時 ロサンゼルス空港店に、カウンターのスタッフとシェフが出勤してきて、朝のラッシュの前にテイタートッツ（小さい揚げポテト）を揚げ、ブレックファスト・ブリトーを作りはじめる。昼までに巻き上げるブリトーの数は、100個を超える。

午前6時 地元のトルティーヤ工場『ラ・プリンセシータ』から、新鮮なコーン・トルティーヤと小麦粉のトルティーヤが届く。

午前6時30分 ラ・ブレアの『シティ・ビーン』から、煎りたてのカスタム・ブレンドのコーヒー豆が各支店に届く。

午前9時 ラ・ブレアからパサデナにいたるすべての支店のシェフたちが、1日の準備を始める。コーンをグリルし、ジャックフルーツをブレゼし、野菜を切って何リットルものピコ・デ・ガヨとサルサ・ヴェルデとサルサ・ロハを作り、カルネ・アサーダを焼きつける。店全体で消費するフラップミートの量は、なんと1か月で4,000キロ（9,000ポンド）にもなる。

午前10時 ロサンゼルス空港店に入ってきたお客さんのグループが、ブレックファスト・ブリトーと全員分のアルコールを注文する。

午前11時 シルバーレイクにあるケータリング・キッチンで、ウェディング用のミニ・ドーナツ800個が焼きあがる。

午後12時30分 ウッドランド・ヒルズにある『トレホズ・カンティーナ』で食事する女性グループのために、ダニーが「ハッピー・バースデイ」を歌う。ダニーはお客さんやファンに陽気に挨拶し、Tシャツや帽子に気軽にサインし、誰のセルフィーにも喜んでポーズをとる。

午後3時 昼食ラッシュのあと、『ハリウッド・カンティーナ』の店長とバーの責任者は、テキーラとメスカルの在庫100本をチェックし、補充する必要があるものを確認する。

午後4時 バックヤードのスタッフが、やっと一区切りついてまかないのエンチラーダにありつく。一方フロアスタッフは、夜に出す「店長のおすすめ」や自分の推すメニューを確認する。

午後5時30分 ハッピーアワーが始まる。友人どうしのグループが、全員分のマルガリータとストリート・タコスを注文する。

午後7時30分 パサデナで劇場開場前のディナー・ラッシュがピークに達する。みんな8時のカーテンコール前に食事を食べ終えようと大急ぎだ。

午後9時30分 ラスベガスからの最終便がロサンゼルス空港に着陸し、乗客のグループがその日最後のブリトーを注文する。

午後11時 ラ・ブレア支店の外に出してあった赤いアンブレラをスタッフが片づける。

深夜0時 ラ・ブレア支店の夜間担当スタッフがレゴ・ブロックを食洗機にかけ、また次の日子どもたちがきれいなレゴで遊べるようにしておく。

OG BEER-BATTERED FRIED FISH TACOS

OG［ビール衣つきフライド・フィッシュ］タコス

フィッシュ・タコスの作りかたはいろいろある。バハ・フィッシュ・タコス（110ページ）のように衣をつけて魚を揚げる場合もあれば、クラシック・フィッシュ・タコス（106ページ）のようにフライパンで魚を焼く比較的ヘルシーなものもある。そして、うちのシェフたちが考え出した新しいパターンもある。うちの店では最初からフライド・フィッシュ・タコスをメニューに載せており、2種類のパターンを出してきた。1つはこのOGタコスで、ビールの衣をつけて揚げたもの。もう1つはバハ・フィッシュ・タコスで、こっちはトルティーヤ・チップスの衣がついている。どちらも信じられないほどうまいから、ここで紹介することにした。

8個分

- ▶ **中力粉**：¾ カップ
- ▶ **コーンスターチ**：¼ カップ
- ▶ **パプリカ**：小さじ1½
- ▶ **コーシャー・ソルト**：小さじ1＋足りなければさらに少々
- ▶ **ベーキングパウダー**：小さじ¼
- ▶ **ライト・メキシカン・ビール**（モデロ・エスペシャルなど）：冷やしたもの1カップ
- ▶ **赤キャベツまたはグリーン・キャベツ**：細切りにしたもの1カップ

- ▶ **ピコ・デ・ガヨ**（48ページ）：1カップ
- ▶ **ライム・クレマ**（59ページ）：¼ カップ
- ▶ **新鮮なコリアンダー**：細かく刻んだもの ¼ カップ
- ▶ **ピュア・オリーブオイル**：大さじ2
- ▶ **キャノーラ油**：4カップ
- ▶ **新鮮なタラの切り身**：680グラム（1½ ポンド）、5センチ（2インチ）ほどに切り分ける
- ▶ **コーン・トルティーヤ**：直径約15センチ（6インチ）のもの、8枚

○中サイズのボウルに、中力粉、コーンスターチ、パプリカ、塩、ベーキングパウダーを入れてよく混ぜる。軽くかき混ぜながら、そこにビールをゆっくりと注ぐ。このとき混ぜすぎないよう注意。生地が少し泡立つくらいにしておくこと。すぐに魚を揚げない場合は、氷を入れた大きなボウルの中に生地の入ったボウルを入れて冷やしておく。

○別の中サイズのボウルに、キャベツ、ピコ・デ・ガヨ、ライム・クレマ、コリアンダー、オリーブオイルを入れてよく混ぜ、塩で味を整えておく。

○大きめの深い鍋を強めの中火にかけ、キャノーラ油を入れて、温度計で測って180℃（350F）になるまで熱する。タラをひとかたまりずつビール生地に入れてからめ、熱した油に静かに落とす。あまり一度にたくさん入れすぎないこと。何度かひっくりかえしながら、こんがり金色になるまで3分ほど揚げる。ワイヤーラックの上に揚がったタラを載せて油を切る。油がまた180℃（350F）に戻ってから、次のタラを入れるようにする。

○オーブンを120℃（250F）に予熱しておく。

○トルティーヤを重ねてアルミホイルに包み、オーブンに入れて、香りが立って柔らかくなるまで15分ほど温める。
○トルティーヤをオーブンから出す。ホイルを開けて、作業台の上に盛りつけやすいように1枚ずつ並べる。タラを2、3切れずつトルティーヤに載せ、その上に和えたキャベツを載せる。

BAJA FISH TACOS

バハ・フィッシュ・タコス

バハは、カリフォルニアとメキシコ国境の少し南にある海岸沿いの町だ。そこではストリート・フードと言えば、フライド・フィッシュ・タコスを意味する。人は（もちろん俺も含めて）トルティーヤにありとあらゆるアレンジを施すが、それにしたって揚げたトルティーヤ・チップスをミキサーにブチこんで粉々にしたやつを、魚にまぶして揚げるなんて、いったい誰が考えつく？　だがこれが、バハ・フィッシュ・タコスに信じられないようなパリパリの食感と絶妙な味わいをプラスしてくれるんだから驚きだ（この衣でエビを揚げてもイケる）。このタコスには、甘辛いマンゴー・サルサとピリ辛のタヒン・シーズニングをかけるのが正解だ。

8個分

- ▶ トルティーヤ・チップス：340グラム（12オンス）入りのもの、1袋
- ▶ 米粉：2カップ
- ▶ バターミルク：2カップ
- ▶ 新鮮なタラの切り身：680グラム（1½ポンド）、5センチ（2インチ）ほどに切り分ける
- ▶ 揚げ油
- ▶ コーン・トルティーヤ：直径約15センチ（6インチ）のもの、8枚

- ▶ グリーン・キャベツ：細切りにしたもの2カップ
- ▶ チポトレ・クレマ（60ページ）：¼ カップ
- ▶ アボカド・クレマ（61ページ）：1カップ
- ▶ マンゴー・サルサ：市販のもの ½ カップ
- ▶ タヒン・シーズニング（104ページのトレホのアドバイス参照）：大さじ1

魚に衣をまぶして揚げる ○ フードプロセッサーに小さく砕いたトルティーヤ・チップスを入れ、細かい粉状になるまで挽く。3つのボウルにそれぞれ米粉、バターミルク、挽いたトルティーヤ・チップスの粉を入れる。タラを1切れずつ、まず米粉をまぶし、余分な粉をはたく。次にバターミルクに浸し、余分な汁気を切る。最後に挽いたトルティーヤ・チップス粉を全体にまんべんなくまぶしたら、皿かバットに置いておく。

○ 大きめの深鍋に半分ほど油を入れて強めの中火にかけ、温度計で測って180℃（350F）になるまで熱する。タラを2、3切れまとめて熱した油に静かに入れ、ときどき返しながら、こんがりときつね色になるまで3分ほど揚げる。揚がったらワイヤーラックがペーパータオルの上に載せて油を切る。揚げ油がふたたび180℃に戻ったら、次の分のタラを入れる。

タコスを作る ○ オーブンを120℃（250F）に予熱しておく。

○ トルティーヤを重ねてアルミホイルに包み、オーブンに入れて、香りが立って柔らかくなるまで15分ほど温める。

○ トルティーヤをオーブンから出す。ホイルを開けて、作業台の上に盛りつけやすいように1枚ずつ並べる。

○ 中サイズのミキシング・ボウルに、キャベツとチポトレ・クレマを入れて和える。トルティー

ヤの中央にアボカド・クレマをまっすぐ載せる。その上にタラを2切れずつ載せ、次にタラのすき間を埋めるようにマンゴー・サルサをスプーン1杯ほど載せる。さらに和えたキャベツを散らし、タヒン・シーズニングをかけて出す。

Blackened Salmon

マスター・レシピ
ブラックンド・サーモン

この「ブラックンド・サーモン（黒焦げサーモン）」という料理名は、昔ながらのケイジャン料理のレシピにちなんだものだ。それによると、魚にコショウたっぷりの何種類ものスパイス・ミックスをまぶしてから熱いフライパンで焼くので、魚が黒焦げになったように見えるのだ。また焼く際にケイジャンの人々はバターを使うので、いっそう焦げて黒くなりやすい。うちの店ではもうちょっとヘルシーにしたかったので、バターを使うのはやめ、チリ・パウダーを加えてみた。だから強火で焼いてもそこまで真っ黒焦げにはならず、ところどころ焼き目がつく程度ですむ。

4人分

- ▶ **チリ・パウダー**：大さじ3
- ▶ **コリアンダー・パウダー**：小さじ2
- ▶ **挽きたての黒コショウ**：小さじ2
- ▶ **フェンネルシード・パウダー**：小さじ1
- ▶ **乾燥タイム**：小さじ1
- ▶ **コーシャー・ソルト**：小さじ1
- ▶ **サーモンのフィレ**：680グラム（1½ポンド）、皮をとって長さ15センチ（6インチ）ほどの切り身4つに切り分ける。
- ▶ **植物油**：大さじ2

○中サイズのボウルに、チリ・パウダー、コリアンダー・パウダー、コショウ、フェンネルシード、タイム、塩を入れて混ぜる。そこに切り分けたサーモンを入れて、全体によくまぶし、余分なスパイスをはたき落とす。

○大きめのスキレットを強めの中火にかけ、油を入れて煙が立つまで3分ほど熱する。サーモンをスキレットに入れ、下側に焼き目がついて半分ほど火が通るまで（下から半分ほどが透明でなくなるまで）2分ほど焼く。サーモンをひっくり返し、反対側も透明でなくなるまで、もう2分ほど焼く。

○フィッシュ・タコスのフィリングとして、あるいはボウルに仕立てて出す。

BLACKENED SALMON TACOS

ブラックンド・サーモン・タコス

チェリートマトはスパイシーなサーモンと合わせると、めちゃくちゃ甘くなる。さらにオ
レンジ・クレマ（61ページ）をかけると、全体がいい具合にまとまってくれる。

12個分

- ▶ **コーン・トルティーヤ**：直径約15センチ（6インチ）のもの12枚
- ▶ **キャノーラ油**：大さじ1
- ▶ **チェリートマト**：1カップ、ホールのまま
- ▶ **新鮮なコーンの粒**（約1本分）：バラしたもの1カップ
- ▶ **オレンジ・クレマ**（61ページ）：½カップ
- ▶ **グリーン・キャベツまたは赤キャベツ**：細切りにしたもの2カップ
- ▶ **コーシャー・ソルト**
- ▶ **挽きたての黒コショウ**
- ▶ **ブラックンド・サーモン**（112ページ）：レシピ1回分、2.5センチ（1インチ）ほどに切り分ける
- ▶ **ライム**：2個、それぞれ6つのくし切りにする

○ オーブンを120℃（250F）に予熱しておく。

○ トルティーヤを重ねてアルミホイルに包み、オーブンに入れて、香りが立って柔らかくなるまで15分ほど温める。

○ トルティーヤをオーブンから出す。ホイルを開けて、作業台の上に盛りつけやすいように1枚ずつ並べる。

○ 中サイズのスキレットに油を入れて中火にかけ、煙が立つまで3分ほど熱する。チェリートマトとコーンを入れ、トマトが少しふくらんでコーンに軽く焼き目がつくまで、2分ほど炒める。スキレットを火から下ろして置いておく。

○ 中サイズのボウルにオレンジ・クレマ¼カップとキャベツを入れてよく混ぜ、必要なら塩コショウで味を整える。

○ 残りのオレンジ・クレマ¼カップを12等分して、トルティーヤの中央に塗る。その上から中央にまっすぐサーモンを並べ、さらにトマトとコーンを混ぜたものを載せたら、先ほどの混ぜたキャベツを散らす。ライムのくし切りを添えて出す。

BLACKENED SALMON BOWLS

ブラックンド・サーモン・ボウル

4杯分

▶ **スパニッシュ・ライス**（171ページ）：2カップ、温める

▶ **基本のブラックビーンズ**（170ページ）：2カップ、温める

▶ **ロースト・コーン**（163ページ）：2カップ

▶ **ピコ・デ・ガヨ**（48ページ）：1カップ

▶ **ロメインレタス**：細切りにしたもの1カップ

▶ **ブラックンド・サーモン**（112ページ）：レシピ1回分、2.5センチ（1インチ）ほどに切り分ける

▶ **オレンジ・クレマ**（61ページ）：¼ カップ

▶ **赤タマネギ**：みじん切りにしたもの ¼ カップ

▶ **新鮮なコリアンダー**：刻んだもの ¼ カップ

○盛りつけ用ボウルに、4等分したライス、豆、コーン、ピコ・デ・ガヨ、レタス、サーモンを時計回りに盛る。オレンジ・クレマをかけ、赤タマネギとコリアンダーを散らす。

GRINGO TACOS

グリンゴ・タコス

「グリンゴ・タコス」というのは、ちょっとしたジョークが元になった名前だ。メキシコ系でない人の中には、タコベルのおかげでタコスが好きになったという人が多い。そういう人たちにとって、タコスと言えば「スパイスの効いた挽き肉の入ったハードシェル・タコス」のことで、それがグリンゴ・タコスと呼ばれるようになったんだ[グリンゴとはメキシコ人から見た、英語を話すアメリカ人のことで、つまりアメリカ人のタコスという意味]。念のため言っておくと、そういうタコスを発明したのはタコベルじゃない。牛挽き肉がたっぷり入った、ちょっとだけスパイシーなこのタコスはじつにうまいが、その起源ははっきりしない。おそらく、牛肉が豊富に手に入るテキサスで、メキシコ移民がいちばん手近にある材料を使って作りだしたというのが、もっともありそうな話だ。

12個分

［グリンゴ・シーズニング用］
- ► オニオン・パウダー:小さじ2
- ► 乾燥レッド・ペッパー・フレークまたは乾燥チリ・デ・アルボル(刻んだもの):小さじ1½
- ► チリ・パウダー:大さじ1
- ► クミン・パウダー:小さじ1½
- ► スウィート・パプリカ:小さじ1½
- ► ガーリック・パウダー:小さじ1
- ► 乾燥オレガノ:小さじ1

- ► キャノーラ油:大さじ2
- ► 白タマネギ:中サイズ1個、角切りにする

- ► 牛挽き肉:赤身80パーセントのもの、680グラム(1½ポンド)
- ► コーシャー・ソルト:小さじ1
- ► 挽きたての黒コショウ:小さじ½
- ► ハードシェル・タコス:12個
- ► メキシカン・ブレンドのシュレッド・チーズ・ミックス:¼カップ、市販のものでも自分で作ってもいい(86ページ参照)
- ► アイスバーグ・レタス:細切りにしたもの¼カップ
- ► ホットソース:トレホズ・ソース、チョルーラ・ソース、タパティオ・ソースなど
- ► ピコ・デ・ガヨ(48ページ):1½カップ

グリンゴ・シーズニングを作る ○ 中くらいのボウルに、オニオン・パウダー、レッド・ペッパー・フレーク、チリ・パウダー、クミン・パウダー、パプリカ、ガーリック・パウダー、オレガノを入れて混ぜる。

挽き肉のフィリングを作る ○ 大きめのスキレットに油を入れて強めの中火にかけ、ふつふつするまで2分ほど熱する。タマネギを入れて、透き通って柔らかくなるまで5〜7分炒める。牛肉とグリンゴ・シーズニングを入れて、ときどきかき混ぜながら、牛肉に焼き目がつくまで15分ほど炒める。水½カップを加えて、木べらで底にこびりついた具材をこそげ落としながら、水分がほとんど蒸発するまで5分ほど混ぜる。塩コショウを加えてなじむまで混ぜたら、火から下ろして冷ましておく。

タコスを作る ○ 挽き肉を12等分してタコシェルに入れ、チーズをかけてからレタスを載せる。ホットソースとピコ・デ・ガヨをかけて出す。

MASTER RECIPE

Grilled Spicy Diablo Shrimp

マスター・レシピ
グリルド・スパイシー・ディアブロ・シュリンプ

こいつは甘くて辛くて、食べると頭がぶっ飛ぶほどうまい。あまり辛いのが得意でなければ、チポトレは2つだけにしておくといい。

4人分

- ▶ **ニンニク**:1玉（約10かけ）、1 かけずつバラして皮をむく
- ▶ **ピュア・オリーブオイル**:½ カップ＋大さじ2
- ▶ **アドボソース漬け缶詰に入っ**

- た**チポトレ・ペッパー**:4個＋ アドボソース大さじ2
- ▶ **ガーリック・パウダー**:小さじ1
- ▶ **ハチミツ**:¼ カップ
- ▶ **ライムの搾り汁**:1個分

- ▶ **コーシャー・ソルト**:小さじ ¾
  ボタンエビ:450 グラム（1ポ ンド）、皮をむいて背ワタを とる

ディアブロ・ソースを作る ◦ オーブンを180℃（350F）に予熱する。縁のついた天板に、バラしたニンニクを入れてオリーブオイル大さじ2をかける。途中で何度かかき混ぜながら、ニンニクがいい具合にきつね色になって柔らかくなるまで焼く。30分ぐらいで一度様子を見て、焦げすぎているようだったら出す。まだ色が足りなければ、45分まで焼く。

◦残りの½カップの油、焼いたニンニク、天板に残った油、チポトレ・ペッパー4個とアドボソース大さじ2、ガーリック・パウダーをミキサーに入れてなめらかになるまで混ぜる。ミキサーを回している間に、ゆっくりハチミツを流しこむ。ライム汁と塩を加え、さらになめらかになるまで回す。

エビをマリネする ◦ ディアブロ・ソースを大きめのボウルに移し、エビを入れてよくソースにからめる。ボウルを冷蔵庫に入れ、少なくとも10分、できれば1時間なじませる。

エビを焼く ◦ 炭火またはガスのグリルを中火で熱する。エビを熱くなったグリルの上に載せ、焼き目がつくまで3分ほど焼く。ひっくり返して、反対側に火が通るまでもう3分ほど焼く（コンロで焼く場合は、大きめのスキレットに中性油大さじ1を入れ、十分熱くなるまで熱する。エビを入れて、ソースに香ばしく焼き色がついてしっかり火が通るまで、片側3分ずつ焼く）。

◦タコスまたはブリトーのフィリングとして出す。

SPICY DIABLO
SHRIMP TACOS

スパイシー・ディアブロ・シュリンプ・タコス

12個分

- ▶ **コーン・トルティーヤ**：直径約15センチ（6インチ）のもの、12枚
- ▶ **赤キャベツ**：細切りにしたもの1カップ
- ▶ **赤タマネギのピクルス**（50ページ）：¼ カップ
- ▶ **アボカド・クレマ**（61ページ）：½ カップ
- ▶ **グリルド・スパイシー・ディアブロ・シュリンプ**（118ページ）：3カップ
- ▶ **新鮮なコリアンダー**：みじん切りにしたもの
- ▶ **ライム**：2個、それぞれ6つのくし切りにする

○オーブンを120℃（250F）に予熱しておく。

○トルティーヤを重ねてアルミホイルに包み、オーブンに入れて、香りが立って柔らかくなるまで15分ほど温める。

○トルティーヤをオーブンから出す。ホイルを開けて、作業台の上に盛りつけやすいように1枚ずつ並べる。

○中サイズのボウルにキャベツとタマネギのピクルスを入れて混ぜる。アボカド・クレマをトルティーヤの中央に塗る。その上に混ぜたキャベツとタマネギをまっすぐ並べ、さらにその上にエビを載せる。コリアンダーを散らし、ライムのくし切りを添えて出す。

SPICY DIABLO
SHRIMP BURRITOS

スパイシー・ディアブロ・シュリンプ・ブリトー

4個分

- ▶ **赤キャベツ**：細切りにしたもの1カップ
- ▶ **赤タマネギのピクルス**（50ページ）：½ カップ
- ▶ **小麦粉のトルティーヤ**：直径約33センチ（13インチ）のもの、4枚
- ▶ **メキシカン・ブレンドのシュレッド・チーズ・ミックス**：½ カップ、市販のものでも自分で作ってもいい（86ページ参照）
- ▶ **スパニッシュ・ライス**（171ページ）：1カップ、温める
- ▶ **基本のブラックビーンズ**（170ページ）：1カップ、温める
- ▶ **グリルド・スパイシー・ディアブロ・シュリンプ**（118ページ）：2カップ
- ▶ **アボカド・クレマ**（61ページ）：1カップ
- ▶ **サルサ・ロハ**（53ページ）：添えて出す

○中くらいのボウルに、細切りにしたキャベツとタマネギのピクルスを入れて混ぜる。

○トルティーヤを大きめのスキレットに置いて中火にかけ、全体に火が通りところどころ軽く焼き目がつくまで、1分ほど熱する。トルティーヤをひっくり返し、裏面も同じように1分ほど熱する。温まったら皿に移し、冷めないようにふきんをかけておく。残りのトルティーヤも同様に熱する。

○作業台にトルティーヤを並べる。トルティーヤの中央に、チーズ大さじ2をまっすぐ並べる。その上にライス¼カップ、豆¼カップ、エビ½カップを重ねる。さらに混ぜたキャベツとタマネギを載せ、上からアボカド・クレマをかける。トルティーヤの左右それぞれ約2.5センチ（1インチ）分を内側に折り込む。トルティーヤの手前を持って向こう側へ転がし、左右がきちんと折り込まれるように巻く。サルサ・ロハを添えて出す。

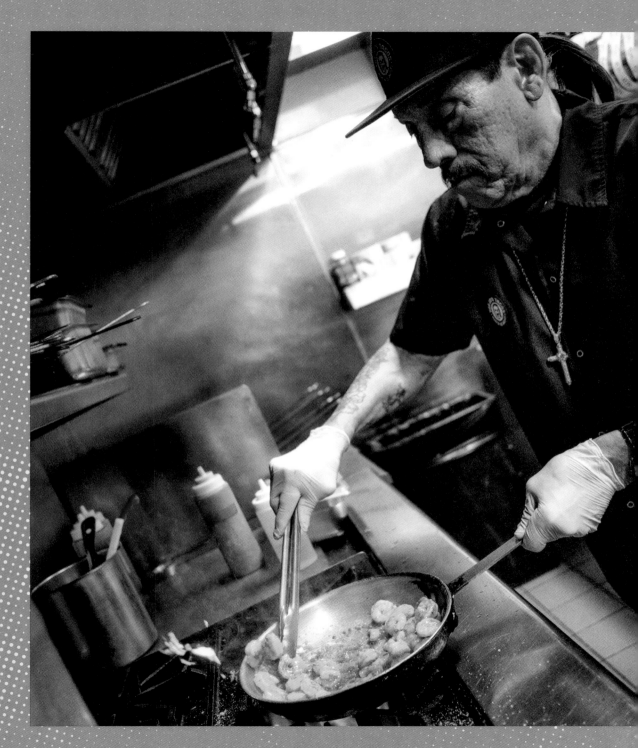

MEXI-FALAFEL TACOS

メキシコ風ファラフェル・タコス

このタコスには、超細切りにした肉厚のイタリアン・ケールがよく合う。
ケールの葉を切る前に、芯の部分は取り除いておこう。

12個分

- ▶ **タヒニ** [中東料理で使われるゴマペースト]：¼ カップ
- ▶ **ピュア・オリーブオイル**：大さじ2
- ▶ **レモンの搾り汁**：1個分
- ▶ **クミン・パウダー**：小さじ¼
- ▶ **コーシャー・ソルト**：小さじ¼
- ▶ **ファラフェル・ミックス**（「トレーダー・ジョーズ」などのもの）：約450グラム（16オンス）入り1箱
- ▶ **サフラワー油やキャノーラ油などの中**性油：2カップ
- ▶ **コーン・トルティーヤ**：直径約15センチ（6インチ）のもの12枚
- ▶ **イタリアン・ケール**：細切りにしたもの1½ カップ
- ▶ **赤タマネギのピクルス**（50ページ）：½ カップ
- ▶ **ライム**：2個、それぞれ6つのくし切りにする

○ 中サイズのボウルに、タヒニ、オリーブオイル、レモン汁、クミン・パウダー、塩、水大さじ2を入れてよく混ぜてから置いておく。

○ ファラフェル・ミックスをパッケージの指示のとおりに準備し、直径約2.5センチ（1インチ）のボール形にする。パッケージの指示にしたがって、油で揚げる。

○ オーブンを120℃（250F）に予熱しておく。

○ トルティーヤを重ねてアルミホイルに包み、オーブンに入れて、香りが立って柔らかくなるまで15分ほど温める。

○ トルティーヤをオーブンから出す。ホイルを開けて、作業台の上に盛りつけやすいように1枚ずつ並べる。

○ トルティーヤの上に混ぜたタヒニ・ミックスをジグザグにかける。トルティーヤの中央に細切りにしたケールをまっすぐ並べ、その上に揚げたファラフェル・ボールを載せる。タマネギのピクルスを散らし、ライムのくし切りを添えて出す。

JACKFRUIT TACOS

ジャックフルーツ・タコス

こんなことを言って申し訳ないが、昔はヴィーガンというのは気の毒な人たちだと思っていた。だが『トレホズ・タコス』を開いてから、その認識はガラッと変わった。俺自身料理するのは大好きなんだが、レシピを作りあげるにはプロの意見にちゃんと耳を傾ける必要があることはわかっていた。だがシェフたちがタコスのメニューを考えているときに、ヴィーガン・メニューもとりいれるべきだと話しているのを聞いて、俺の頭に浮かんだのは、米と豆ばっかり詰めこんだブリトーか、パパス・コン・ラハス（ジャガイモとトウガラシ）のタコスぐらいのものだった。ところがある日、シェフたちが新しいメニューとして俺に食べさせてくれたのは、スパイシーだがやさしい味の風味ゆたかなフィリングがいっぱい詰まった、すばらしいタコスだったんだ。俺が思わず「こりゃなんの肉だ？　めちゃくちゃうまいな」ときくと、「ジャックフルーツですよ」と言われた。俺はジャックフルーツなんてそれまで見たことも聞いたこともなかったが、よくよく聞いてみると世界でも有名なスーパーフードのひとつで、東南アジアのあちこちで栽培されていることがわかった。ジャックフルーツにはいろんな栄養素が豊富に含まれていて、カルネ・アサーダを作るのと同じマリネ液に漬けると、肉としか思えない味と食感になる。ヴィーガンの人も超ハッピーな気分になれる、最高のメニューだ。

12個分

- ► **ジャックフルーツの缶詰**：約280グラム（9.9オンス）入り2缶（約2カップ）
- ► **カルネ・アサーダ用マリネ液（80ページ）**：1½カップ
- ► **コーシャー・ソルト**
- ► **挽きたての黒コショウ**
- ► **コーン・トルティーヤ**：直径約15センチ（6インチ）のもの、12枚

- ► **赤キャベツ**：細切りにしたもの1カップ
- ► **サルサ・ヴェルデ（52ページまたは市販のもの）**：大さじ1
- ► **アボカド・クレマ（61ページ）**：¼カップ
- ► **ピコ・デ・ガヨ（48ページまたは市販のもの）**：1½カップ

ジャックフルーツを炒める ○ジャックフルーツの汁気を切り、さらにペーパータオルで水分をとる。中サイズのソースパンにジャックフルーツとカルネ・アサーダのマリネ液を入れて混ぜる。ソースパンを弱めの中火にかけ、ジャックフルーツが細切り状に崩れるまで45分ほど煮る。味をみて、足りなければ塩コショウを足す。煮上がったら火から下ろす。

タコスを作る ○オーブンを120℃（250F）に予熱しておく。トルティーヤを重ねてアルミホイルに包み、オーブンに入れて、香りが立って柔らかくなるまで15分ほど温める。トルティーヤをオーブンから出し、ホイルを開けて、作業台の上に盛りつけやすいように1枚ずつ並べる。小さめのボウルにキャベツとサルサ・ヴェルデを入れて和え、塩コショウで味を整える。

○トルティーヤの上にアボカド・クレマを塗る。トルティーヤの中央に温かいジャックフルーツをまっすぐ並べ、その上にサルサ・ヴェルデで和えたキャベツを載せてから、ピコ・デ・ガヨをかける。

BACON CHEESEBURGER TACOS

ベーコン・チーズバーガー・タコス

ロサンゼルスはハンバーガーの街だ。『ファットバーガー』に『ジ・アップル・パン』、『インアンドアウト・バーガー』などなど、どの店にもそれぞれ独自の秘伝のメニューがあって、どれを頼んだらいいか迷ってしまうほどだ。そしてうちにも、「トレホズ・ベーコン・チーズバーガー・タコス」がある。このベーコン・チーズバーガー・タコスは、どこのダブル・ダブル・アニマル・スタイル・バーガーにもひけをとらない。このメニューは残念ながら『インアンドアウト』のメニューには載っていない。今のところは。

12個分

- ▶ **牛挽き肉**：赤身80パーセントのもの、450グラム（1ポンド）
- ▶ **グリンゴ・シーズニング**（116ページ）：¼カップ
- ▶ **キャノーラ油などの中性油**：大さじ2
- ▶ **コーン・トルティーヤ**：直径約15センチ（6インチ）のもの、12枚
- ▶ **メキシカン・ブレンドのシュレッド・チーズ・ミックス**：1½カップ、市販のものでも自分で作ってもいい（86ページ参照）

- ▶ **赤タマネギ**：みじん切りにしたもの¼カップ
- ▶ **新鮮なコリアンダー**：みじん切りにしたもの¼カップ
- ▶ **チェリートマト**：12個、4つに割る
- ▶ **カリカリに焼いたベーコン**：½カップ、粗く刻む

○ 大きめのボウルに、挽き肉とグリンゴ・シーズニングを入れ、手で全体が均一に混ざるようにこねる。ただし、こねすぎないよう注意。混ざったら肉を厚さ2センチ（¾インチ）ほどの4つのパテに分ける。

○ 大きくて重いフライパンまたは鋳鉄製スキレットに油を入れて、強めの中火でふつふつして煙が立つまで、2分ほど熱する。パテを熱したフライパンに入れ、下側がこんがり焼けてカリカリになるまで5分ほど焼く。パテをひっくり返し、反対側も4分ほどミディアム状態になるまで焼く。パテをまな板に移し、5分ほど冷ます（すぐに切ると肉汁が流れ出し、肉がパサパサになってしまうので注意）。少し冷めたら、パテを1.5センチ（½インチ）ぐらいの角切りにする。

○ オーブンを120℃（250F）に予熱しておく。

○ トルティーヤを重ねてアルミホイルに包み、オーブンに入れて、香りが立って柔らかくなるまで15分ほど温める。

○ トルティーヤをオーブンから出す。ホイルを開けて、作業台の上に盛りつけやすいように1枚ずつ並べる。トルティーヤの中央にビーフ・パテをまっすぐ並べ、その上にチーズを散らし、タマネギ、コリアンダー、チェリートマト、ベーコンを載せて出す。

MASTER RECIPE

Mushroom Asada

マスター・レシピ
マッシュルーム・アサーダ

このヴィーガン向けのフィリングは「アサーダ」という名前がついているが、正確に言うとアサーダではない(アサーダとはスペイン語で「グリルで焼いた」と言う意味だ)。カルネ・アサーダと同じマリネ液を使っているため、そう呼ぶことにした。マッシュルームにスパイシーで風味ゆたかなマリネ液がしっかり浸みこんで、ボリュームたっぷりのタコス・フィリングができあがる。

4～6人分

► **マッシュルーム(クレミニなど)**:450グラム(1ポンド)、軸をとってスライスする

► **カルネ・アサーダのマリネ液(80ページ)**:1½カップ

► **ピュア・オリーブオイル**:大さじ2

○中サイズのボウルに、マッシュルームとマリネ液を入れて和える。30分ほど漬けておく。

○大きめのスキレットを強めの中火にかけ、オリーブオイルを入れて、ふつふつするまで2分ほど熱する。数個ずつマッシュルームを入れ(たくさん入れすぎると、こんがり焼けず水っぽくなるので注意)、かき混ぜながら軽く焼き目がつくまで15分ほど炒める。これを何度かくりかえす。

○タコスかボウルにして食べる(レシピはこのあと)。または、カルネ・アサーダ・タコス(82ページ)の肉をマッシュルームに替えて出してもいいし、ポヨ・フリット・ケサディーヤ(147ページ)のチキンの代わりにしてもいい。

MUSHROOM
ASADA TACOS
マッシュルーム・アサーダ・タコス

12個分

- ▸ **コーン・トルティーヤ**：直径約15センチ（6インチ）のもの、12枚
- ▸ **グリーン・キャベツ**：細切りにしたもの1½ カップ
- ▸ **サルサ・ヴェルデ**（52ページ）：¼ カップ
- ▸ **マッシュルーム・アサーダ**（128ページ）：レシピ1回分
- ▸ **ペピータ・ペスト**（56ページ）：½ カップ
- ▸ **ライム**：3個、それぞれ4つのくし切りにする（くし切り12個）

○ オーブンを120℃（250F）に予熱しておく。
○ トルティーヤを重ねてアルミホイルに包み、オーブンに入れて、香りが立って柔らかくなるまで15分ほど温める。
○ トルティーヤをオーブンから出す。ホイルを開けて、作業台の上に盛りつけやすいように1枚ずつ並べる。
○ 中くらいのボウルに、細切りにしたキャベツとサルサ・ヴェルデを入れて混ぜる。マッシュルームを12等分し、トルティーヤの中央にスプーンでまっすぐ並べる。マッシュルームの上に、サルサで和えたキャベツを同じように一列に並べる。ペピータ・ペーストをかけ、ライムのくし切りを添えて出す。

MUSHROOM
ASADA BOWLS
マッシュルーム・アサーダ・ボウル

4杯分

- ▸ **スパニッシュ・ライス**（171ページ）：2カップ、温める
- ▸ **基本のブラックビーンズ**（170ページ）：2カップ、温める
- ▸ **ロースト・コーン**（163ページ）：2カップ
- ▸ **ピコ・デ・ガヨ**（48ページ）：1カップ
- ▸ **ロメインレタス**：細切りにしたもの1カップ
- ▸ **マッシュルーム・アサーダ**（128ページ）：レシピ1回分
- ▸ **ペピータ・ペスト**（56ページ）：½ カップ

○ 盛りつけ用ボウルに、4等分したライス、豆、コーン、ピコ・デ・ガヨ、レタス、マッシュルーム・アサーダを時計回りに盛る。ペピータ・ペストをかけて出す。

BREAKFAST BURRITO

ブレックファスト・ブリトー

ブレックファストと言っても、うちの店では1日中食べられる。なんたって、超うまいからだ。朝食に食べたいもの全部、おまけにテイタートッツ（小さい揚げポテト）まで入っている。さらにカルネ・アサーダ（80ページ）やカルニータス（84ページ）の残りがあれば、それも入れるとなおうまい。

4個分

- ▶ **冷凍テイタートッツ**：24個
- ▶ **キャノーラ油または植物油**：大さじ1
- ▶ **卵**：大サイズ8個、溶いておく
- ▶ **コーシャー・ソルト**
- ▶ **挽きたての黒コショウ**
- ▶ **小麦粉のトルティーヤ**：直径約33センチ（13インチ）のもの、4枚
- ▶ **メキシカン・ブレンドのシュレッド・チーズ・ミックス**：½カップ、市販のものでも自分で作ってもいい（86ページ参照）
- ▶ **チーズと豆のディップ・ソース**（63ページ）：1カップ、温める
- ▶ **薄切りベーコン**：4枚、カリカリになるまで焼く
- ▶ **アボカド**：1個、半分にして種をとり、皮をむいてスライスする（お好みで）
- ▶ **サルサ・ロハ**（53ページ）または市販のロースト・トマト・サルサ：½カップ＋添えて出す分
- ▶ **細切りまたは砕いたトルティーヤ・チップス**（77ページ）：½カップ
- ▶ **新鮮なコリアンダー**：刻んだもの½カップ

○ パッケージの指示どおりにテイタートッツを作る（うちの店では注文が入ってから揚げるが、オーブンで焼いてもいい。どっちも同じくらいうまい！）。

○ 大きめのフライパンを中火にかけて油を入れる。卵を入れて、塩コショウをふる。フォーク（ノンスティック加工のフライパンを使う場合は、シリコン製のスパチュラがいい）を使って、8の字を描きながら卵をかき混ぜる。フライパンにくっつかないよう注意しながら、全体に火が通り、少しだけ固まらない部分が残るまで4分ほど混ぜ続ける。さらに塩コショウで味を整えたら、火から下ろしておく。

○ トルティーヤを大きめのスキレットに置いて中火にかけ、全体に火が通りところどころ軽く焼き目がつくまで、1分ほど熱する。トルティーヤをひっくり返し、裏面も同じように1分ほど熱する。温まったら皿に移し、冷めないようにふきんをかけておく。残りのトルティーヤも同様に熱する。

○ 作業台にトルティーヤを並べる。トルティーヤの中央に、チーズをまっすぐ並べる。その上に豆のディップ¼カップを載せ、その横にテイタートッツ5、6個を添える。さらに真ん中に卵を載せ、その横に薄切りベーコン1枚を置き、入れる場合はアボカドのスライスを数枚載せる。最後にサルサ・ロハをかけ、細切りトルティーヤ・チップス、コリアンダーを散らす。トルティーヤの左右それぞれ約2.5センチ（1インチ）分を内側に折り込む。トルティーヤの手前を持って向こう側へ転がし、左右がきちんと折り込まれるように巻く。サルサ・ロハを添えて出す。

SURF & TURF BURRITOS

サーフ＆ターフ・ブリトー

サーフ＆ターフ・ブリトーは盛りすぎだと思うか？　そうかもしれない。だが海と山の組み合わせが最高にうまいことに、疑いの余地はない。アサーダが残ったら、絶好のチャンスだ。あとはエビのマリネさえ作れば、うちの店でいちばんリッチなメニューが再現できる。その中身を知れば、これがどれほどぜいたくな料理なのかわかるだろう。ナッツ風味のペピータ・ペストに新鮮なピコ・デ・ガヨ、スパイシーなサルサ・ロハ、そしてブラックビーンズが、トルティーヤの中にぎっしり詰まってるんだ。もう少し手順を楽にしたければ、手作りのサルサの代わりに市販のロースト・トマト・サルサを使い、ライスと豆は省略して、エビを加えるだけにすればいい。とりあえず、肉とエビの両方が入っていれば、うまくないわけがないさ。

4個分

- ▶ キャノーラ油または植物油：大さじ1
- ▶ マリネしたスパイシー・ディアブロ・シュリンプ（118ページ）または中サイズのエビ（皮をむいて背ワタをとったもの）：12個
- ▶ ニンニク：1かけ、刻む
- ▶ コーシャー・ソルト
- ▶ 挽きたての黒コショウ
- ▶ 小麦粉のトルティーヤ：直径約33センチ（13インチ）のもの、4枚
- ▶ メキシカン・ブレンドのシュレッド・チーズ・ミックス：½カップ、市販のものでも自分で作ってもいい（86ページ参照）

- ▶ スパニッシュ・ライス（171ページ）：1カップ、温める
- ▶ ブラックビーンズの缶詰（洗って水気を切ったもの）または基本のブラックビーンズ（170ページ）：1カップ、温める
- ▶ カルネ・アサーダ（80ページ）：角切りにしたもの½カップ
- ▶ ペピータ・ペスト（56ページ）：¼カップ
- ▶ ピコ・デ・ガヨ（48ページ）：½カップ
- ▶ サルサ・ロハ（53ページ）：添えて出す

◎ 中サイズのスキレットを中火にかけて油を入れ、ふつふつするまで2分ほど熱する。エビとニンニクを入れて混ぜながら、ニンニクの香りが立ち、エビにしっかり火が通るまで5分ほど炒める。塩コショウで味を整えたら、まな板にエビを移して約1.5センチ（½インチ）角に切る。

◎ トルティーヤを大きめのスキレットに置いて中火にかけ、全体に火が通りところどころ軽く焼き目がつくまで、1分ほど熱する。トルティーヤをひっくり返し、裏面も同じように1分ほど熱する。温まったら皿に移し、冷めないようにふきんをかけておく。残りのトルティーヤも同様に熱する。

作業台にトルティーヤを並べる。トルティーヤの中央に、チーズ大さじ2をまっすぐ並べる。その上にライス¼カップ、豆¼カップ、カルネ・アサーダ大さじ2、エビ½カップを載せ、ペピータ・ペストとピコ・デ・ガヨをかける。トルティーヤの左右それぞれ約2.5センチ（1インチ）分を内側に折り込む。トルティーヤの手前を持って向こう側へ転がし、左右がきちんと折り込まれるように巻く。サルサ・ロハを添えて出す。

ROASTED CAULIFLOWER TACOS

ロースト・カリフラワー・タコス

まさかカリフラワーの載ったタコスを目にする日が来ようとは思わなかった。だがここはカリフォルニアだ。そんなタコスがあったっていい。とはいえ、最初、俺は疑っていた。ところがシェフが出してくれたタコスを食べてみたら、どうだ！ 信じられないくらい柔らかくて味がよく、さらにカシュー・クリームのおかげでそのリッチな味わいが増している。このタコスは、ロサンゼルス・タイムズ紙の2017年ベスト・レシピのひとつに選ばれたほどだ。ヴィーガンで、なおかつめちゃくちゃうまい！

8個分

- ► **カリフラワー**：中サイズ1玉
- ► **ピュア・オリーブオイル**：大さじ2
- ► **コーシャー・ソルト**：小さじ1
- ► **挽きたての黒コショウ**：小さじ1
- ► **コーン**：1本、皮をむく
- ► **コーン・トルティーヤ**：直径約15センチ（6インチ）のもの、8枚
- ► **ヴィーガン・カシュー・クレマ**（59ページ）：½カップ
- ► **赤タマネギのピクルス**（50ページ）：½カップ
- ► **新鮮なコリアンダー**：刻んだもの¼カップ

カリフラワーを焼く ● オーブンを190℃（375F）に予熱しておく。

○カリフラワーの房を茎から外して、一口サイズに分ける。縁のある約28×43センチ（11×17インチ）の天板に分けたカリフラワーの房をバラして置き、油をかけ塩コショウして、全体によくからませる。柔らかくなるまで、30分ほど焼く。オーブンの温度を220℃（425F）に上げ、カリフラワーに軽く焼き目がつくまで、さらに10分ほど焼いたら、オーブンから出しておく。

コーンを焼く ● カリフラワーを焼いている間に、ガスコンロの上に金網などを置き、コーンを強火で焼く（ガスコンロがなければ、オーブンで焼いてもいい）。ときどきトングで転がしながら、ところどころ焼き目がつくまで、一面につき2分ずつ焼く。焼けたら、さわれる程度に冷めるまで置いておく。

○中サイズのボウルにコーンを垂直に立て、粒が外れるよう下向きに包丁を入れて、粒をボウルの中に落とす。芯は捨て、粒のかたまりを手でバラバラにほぐす。

タコスを作る ◦ オーブンを120℃（250F）に予熱しておく。
◦ トルティーヤを重ねてアルミホイルに包み、オーブンに入れて、香りが立って柔らかくなるまで15分ほど温める。
◦ トルティーヤをオーブンから出す。ホイルを開けて、作業台の上に盛りつけやすいように1枚ずつ並べる。
◦ トルティーヤの中央にヴィーガン・カシュー・クレマ大さじ1をスプーンでまっすぐ載せる。クレマの上に、焼いたカリフラワーの房をいくつか載せ、コーンを散らす。さらにクレマを足し、タマネギのピクルスと刻んだコリアンダーを載せる。

ROASTED CAULIFLOWER BOWLS

ロースト・カリフラワー・ボウル

4杯分

- ▸ **スパニッシュ・ライス**（171ページ）：2カップ、温める
- ▸ **基本のブラックビーンズ**（170ページ）：2カップ、温める
- ▸ **ロースト・コーン**（163ページ）：2カップ
- ▸ **ピコ・デ・ガヨ**（48ページ）：1カップ
- ▸ **ロメインレタス**：細切りにしたもの1カップ

- ▸ **ロースト・カリフラワーの房**（136ページ）：2カップ
- ▸ **ヴィーガン・カシュー・クレマ**（59ページ）：½カップ
- ▸ **赤タマネギ**：刻んだもの¼カップ
- ▸ **新鮮なコリアンダー**：刻んだもの¼カップ
- ▸ **赤タマネギのピクルス**（50ページ）：½カップ

○ 盛りつけ用ボウルに、4等分したライス、豆、コーン、ピコ・デ・ガヨ、レタス、カリフラワーを時計回りに盛る。ヴィーガン・カシュー・クレマをかけ、タマネギ、コリアンダー、タマネギのピクルスを飾る。

BCR [BEAN, CHEESE & RICE] BURRITOS

BCR［ビーン、チーズ、ライス］ブリトー

このブリトーは、うちのメニューの中で一番値段が安い。だが、チーズと豆のディップの
おかげで、じつにゆたかな風味が味わえる一品になっている。ただ、あまりこってりしす
ぎないよう、ブラックビーンズも混ぜている。これもベジタリアン向けだ。

4個分

▶ **小麦粉のトルティーヤ**：直径約33センチ（13イン
チ）のもの、4枚

▶ **チーズと豆のディップ**（63ページ）：1カップ、温め
る

▶ **メキシカン・ブレンドのシュレッド・チーズ・ミック
ス**：1カップ、市販のものでも自分で作ってもい
い（86ページ参照）

▶ **基本のブラックビーンズ**（170ページ）：1カップ、
温める

▶ **スパニッシュ・ライス**（171ページ）：1カップ、温
める

▶ **サルサ・ロハ**（53ページ）：添えて出す

◎トルティーヤを大きめのスキレットに置いて中火にかけ、全体に火が通りところどころ軽く焼
き目がつくまで、1分ほど熱する。トルティーヤをひっくり返し、裏面も同じように1分ほど熱
する。温まったら皿に移し、冷めないようにふきんをかけておく。残りのトルティーヤも同様に
熱する。

◎作業台にトルティーヤを並べる。トルティーヤの中央に、チーズと豆のディップ¼カップを
まっすぐ並べる。その上にチーズ¼カップ、ブラックビーンズ¼カップ、ライス¼カップを載
せる。トルティーヤの左右それぞれ約2.5センチ（1インチ）分を内側に折り込む。トルティーヤの
手前を持って向こう側へ転がし、左右がきちんと折り込まれるように巻く。サルサ・ロハを添え
て出す。

FRIED AVOCADO TACOS

フライド・アボカド・タコス

アボカド・トーストも、このタコスにはかなわない。アボカド・トーストを丸ごと揚げる
わけにはいかないからな！　サクサクの衣とトロトロの中身は、想像を超えた最高の組み
合わせだ。だがこんなにリッチなのに、ベジタリアン向けなんだ。そしてこんなにうまい
のに、揚げ物なんだ。揚げ物は健康に悪いって？　ものごとにはなんでも両面があるもん
さ。この揚げ物は、そのマイナス面を補って余りあるうまさだ。

8個分

- ▶ **卵**：Lサイズ2個、溶いておく
- ▶ **パン粉**：1½カップ
- ▶ **米粉**：1カップ
- ▶ **アボカド**：2個、半分に切って種をとり、皮をむく
- ▶ **コーシャー・ソルト**
- ▶ **ピーナッツ・オイル**：4カップ
- ▶ **コーン・トルティーヤ**：直径約15センチ（6インチ）のもの8枚

- ▶ **リフライド・ブラック・ビーンズ**（173ページ）：1カップ、温める
- ▶ **ロメインレタス**：細切りにしたもの1カップ
- ▶ **サルサ・ヴェルデ**（52ページ）：½カップ
- ▶ **ピコ・デ・ガヨ**（48ページ）：½カップ＋飾り用
- ▶ **新鮮なコリアンダー**：刻んだもの¼カップ

アボカドに衣をつけて揚げる　◦ 揚げ物の準備をする。中サイズのボウルを3つ用意し、1つに卵、
1つにパン粉、もう1つに米粉を入れる。アボカドを半分に切って縦割りに8等分し、塩を振って
おく。

◦ 大きめの深鍋に油を入れて、温度計で測って180℃（350F）になるまで熱する。

◦ 油を熱している間に、アボカドに衣をつける。スライスしたアボカドに、まず米粉をまぶし、
余分な粉をはたく。次に卵にくぐらせ、しっかり全体を浸したら、余分な卵液を落とす。最後に
パン粉をかぶせて、そっと手で押さえながらつける。衣がついたら、皿の上に置く（衣をつける作
業は片手でやり、もう片方の手は他の作業用に空けておくこと）。

◦ 熱した油に、アボカドのスライスを一度に6切れから8切れ分ずつ入れ、ときどきひっくり返
しながら、こんがりサクサクになるまで3〜4分揚げる。揚がったら、ワイヤーラックかペー
パータオルを敷いた皿の上に載せて油を切り、塩で味を整える。

タコスを作る ◦ オーブンを120℃(250F)に予熱しておく。

◦ トルティーヤを重ねてアルミホイルに包み、オーブンに入れて、香りが立って柔らかくなるまで15分ほど温める。

◦ トルティーヤをオーブンから出す。ホイルを開けて、作業台の上に盛りつけやすいように1枚ずつ並べる。

◦ トルティーヤの中央に、豆大さじ2を載せ、その上に、レタス、サルサ・ヴェルデ、ピコ・デ・ガヨを載せる。さらにアボカドを4切れずつ載せ、ピコ・デ・ガヨもう少々と刻んだコリアンダーをかける。

BLACK PEPPER
TOFU TACOS
黒コショウと豆腐のタコス

このタコスはヴィーガン向けだが、新鮮なショウガと燃えるようなセラーノ・ペッパーのパンチの効いた風味が際立つ、リッチでスパイシーなタコスだ。うちのメニューにあるほかの肉入りタコスと比べても、まったく遜色のない満足感をもたらしてくれる。まあ、揚げてあるから、それほどうまいのも当然なんだがな。だがヴィーガン向けだからといって、必ずヘルシーでなきゃならないってことはない！　崩れやすい豆腐を上手に揚げるコツは、小さく切って少しずつ油に入れ、網じゃくしか穴のあいたお玉を使って静かに油から上げるようにする。タコスに入れてソースをかけて出すか、炊いた米の上に載せてソースをかけて食べてもいい。

12個分

- ▶ **もめん豆腐**：800グラム（1¾ポンド〔約2丁〕）
- ▶ **コーンスターチ**：½カップ
- ▶ **キャノーラ油**：2カップ＋大さじ2
- ▶ **エシャロット**：中サイズ8本、半分に割って薄くスライスする
- ▶ **ニンニク**：8かけ、みじん切りにする
- ▶ **セラーノ・ペッパー**：2本、軸をとって薄く輪切りにする
- ▶ **新鮮なショウガ**：みじん切りにしたもの大さじ3
- ▶ **チポトレ・ペッパーのアドボソース漬け缶詰**：刻んだチポトレ・ペッパー大さじ3

- ▶ **減塩しょうゆ**：大さじ3
- ▶ **砂糖**：大さじ2
- ▶ **挽きたての黒コショウ**：大さじ2
- ▶ **コーシャー・ソルト**：小さじ1
- ▶ **葉タマネギ**：3本、みじん切りにする
- ▶ **コーン・トルティーヤ**：直径約15センチ（6インチ）のもの、12枚
- ▶ **白タマネギ**：中サイズ1個、角切りにする
- ▶ **新鮮なコリアンダー**：みじん切りにしたもの¼カップ
- ▶ **サルサ・ロハ（53ページ）**：1カップ

◦一番大事なポイントは、揚げる前にできる限り豆腐の水分を切っておくこと。豆腐を皿に置いて上に別の皿を載せ、その上に重い缶詰（大きめのトマト缶などがピッタリだ）を載せて重石にする。ときどき豆腐から出た水を捨てながら、30分ほどおく。水が切れたらペーパータオルで水分をふきとり、約2.5センチ（1インチ）角に切る。

◦揚げ物の準備をする。中サイズのボウルにコーンスターチを入れる。大きめの皿にペーパータオルを敷く。

◦大きめの深鍋に油2カップを入れて中火にかけ、温度計で測って180℃（350F）になるまで熱する。コーンスターチの中に豆腐の⅓量を入れ、フォークを使ってコーンスターチを全体によくまぶす。衣のついた豆腐を油に入れて、網じゃくしか穴あきのお玉でときどきひっくり返しながら、全体にこんがり色がつくまで片面につき3分ずつ揚げる。揚がったらペーパータオルを敷いた皿に上げて油を切る。残りの豆腐も、あと2回同じように揚げる。

◦大きめのスキレットに残りの油大さじ2を入れて強めの中火にかけ、ふつふつするまで熱する。エシャロット、ニンニク、セラーノ、ショウガを入れて、ときどきかき混ぜながら柔らかくなり

少しカラメル化するまで7〜10分ほど炒める。チポトレ・ペッパー、しょうゆ、砂糖、コショウ、塩を入れて混ぜる。そこへ豆腐を入れて、やさしく揺すりながら全体に火が通るまで2分ほど炒める。葉タマネギを入れて、豆腐を崩さないようにそっと混ぜこんだら、火からおろす。

◦ オーブンを120℃（250F）に予熱しておく。

◦ トルティーヤを重ねてアルミホイルに包み、オーブンに入れて、香りが立って柔らかくなるまで15分ほど温める。

◦ トルティーヤをオーブンから出す。ホイルを開けて、作業台の上に盛りつけやすいように1枚ずつ並べる。豆腐を12等分してトルティーヤに載せ、タマネギとコリアンダーを散らす。サルサ・ロハを添えて出す。

トレホのアドバイス

揚げ物を恐れるな

揚げ物に挑戦するのは、最初はちょっと怖い気がする。だが、コツさえつかめば大丈夫。材料をきちんと準備し、必要な道具を揃え、油の温度を指示どおりにしておけばいい。温度管理ができるバスケットつきのフライヤーがあれば最高だ。ほとんどの仕事をフライヤーがやってくれる。だがフライヤーがなければ、なるべく深い鍋を使い、入れる油の量は鍋の半分までにしておくこと。そうすれば油がはねてコンロにこぼれる心配もない。あと、揚げた食材をすくうのに、網じゃくし（カス揚げ、すくい網とも呼ばれる、金網のカゴに把手のついたもの）があるといい。また、油の温度を測れる料理用温度計も用意しよう。揚げ物には180℃（350F）をキープするのが鉄則だ。この温度が、食材の中までしっかり火が通り、外側はこんがりサクサクに揚がる決め手になる。

KILLER QUESADILLAS

キラー・ケサディーヤ

ケサディーヤみたいなシンプルな食べ物に、レシピなんか必要ないだろうと思う人は多いかもしれない。だが、ケサディーヤはうちの店で最高に人気のあるメニューのひとつだ。だから、それにふさわしい扱いをしてやらなくちゃな。うちの子どもたちがまだ小さいころ、俺はたいして考えもせず適当なケサディーヤを作っていたが、うちの店で出しているケサディーヤはつねに最高の品質を保っている。なにせ、チーズの割合も（トルティーヤ1枚につき最低1カップは必要だ）、作りかたも（トルティーヤの両面をフライパンで焼く）、フィリングとソースも（肉とクレマとサルサをタコスと同じくらい細心の注意を払って組み合わせている）、とことんこだわって練りあげたものだからだ。

この「キラー」、つまり極上のケサディーヤは、うちの店で出すケサディーヤのいちばん土台になるレシピで、ここにステーキやグリルド・チキン、スパイシー・シュリンプ、カルニータスなど、お好みの肉や魚をなんでも載せられる。146ページと147ページに載せたケサディーヤは、もう少し「特別な」アレンジがしてある。だが正直言って、フライパンで焼いたトルティーヤにとろけたチーズの載った、一番シンプルなケサディーヤの魅力に勝るものはなかなかない。

ここに載せたレシピは2個分だが、単純に材料を2倍にすれば4個作れる。ただし、4個以上作る場合は、オーブンを120℃（250F）に予熱しておき、ほかのケサディーヤを仕上げている間、先に作ったケサディーヤを冷めないように入れておこう。

2個分

▶ **小麦粉のトルティーヤ**：直径約33センチ（13インチ）のもの、2枚
▶ **メキシカン・ブレンドのシュレッド・チーズ・ミックス**：2カップ、市販のものでも自分で作ってもいい（86ページ参照）

▶ **お好みで**：カルネ・アサーダ（80ページ）、トレホのグリルド・チキン（94ページ）、グリルド・スパイシー・ディアプロ・シュリンプ（118ページ）、カルニータス（84ページ）　それぞれ角切りにしたもの1½カップ
▶ **サルサ・ロハ**（53ページ）：½カップ

◦ 大きめのフライパンまたは鋳鉄製のスキレットを強めの中火にかけ、2分ほど熱する。フライパンにトルティーヤを入れ、軽くこんがり色づくまで30秒ほど焼く。トルティーヤをひっくり返したら、全体にチーズ1カップをまんべんなく広げ、次に（肉を載せる場合は）お好みの肉の半量を全体に載せて、チーズがとろけ始めるまで3分ほど焼く。

◦ トルティーヤを半分に折って、45秒ほど焼いたら、ひっくり返して反対側も同じく45秒間焼く。焼けたらまな板に移し、4つのくし型に切る。

◦ 残りの分のトルティーヤとフィリングも、同じように焼く。サルサ・ロハを添えて出す。

CHICKEN TIKKA QUESADILLAS

チキン・ティッカ・ケサディーヤ

このケサディーヤを作るために、チキン・ティッカは2回分作っておきたくなる。1回分はチキン・ティッカ・ボウルかチキン・ティッカ・タコスにして1日目の夕食に食べ、もう1回分をこのケサディーヤに入れて次の日のランチにするんだ。このケサディーヤは、ピコ・デ・ガヨで和えた白タマネギと一緒に食べると、フレッシュな風味が加わって一層うまくなる。さらにエスカベッシュ・ミント・クレマを添えると格別だ。もちろん、ピコ・デ・ガヨとエスカベッシュは、もう準備してあるよな。

2個分

- ▶ **ピコ・デ・ガヨ**（48ページ）：¼カップ
- ▶ **白タマネギ**：中サイズ¼個、刻んでおく
- ▶ **小麦粉のトルティーヤ**：直径約33センチ（13インチ）のもの、2枚
- ▶ **メキシカン・ブレンドのシュレッド・チーズ・ミックス**：2カップ、市販のものでも自分で作ってもいい（86ページ参照）

- ▶ **チキン・ティッカ**：刻んだもの1½カップ（88ページのレシピ1回分の約⅓）
- ▶ **エスカベッシュ・ミント・クレマ**（58ページ）：1カップ

○ 小さめのボウルに、ピコ・デ・ガヨとタマネギを入れてよく混ぜる。

○ 大きめのフライパンまたは鋳鉄製のスキレットを強めの中火にかける。フライパンにトルティーヤを入れ、軽くこんがり色づくまで30秒ほど焼く。トルティーヤをひっくり返したら、全体にチーズ1カップをまんべんなく広げる。チキン・ティッカをチーズの上に載せ、その上からタマネギをピコ・デ・ガヨで和えたものをスプーンで載せて、チーズがとろけ始めるまで3分ほど焼く。

○ トルティーヤを半分に折って、45秒ほど焼いたら、ひっくり返して反対側も同じく45秒間焼く。焼けたらまな板に移し、4つのくし型に切る。

○ 残りの分のトルティーヤとフィリングも、同じように焼く。エスカベッシュ・ミント・クレマを添えて出す。

POLLO FRITO QUESADILLAS

ポヨ・フリット・ケサディーヤ

うちの店のフライド・チキン（ポヨ・フリット）はそもそも極上のうまさだが、そこにチーズたっぷりでカリカリのトルティーヤというケサディーヤ特有の要素が加わったら、極上の上をいくヤバいうまさだ。テイクアウトしたフライド・チキンが残ったら、ぜひそいつを使って試してみてくれ。

2個分

▶ **グリーン・キャベツ**：細切りにしたもの½カップ

▶ **チポトレ・クレマ**（60ページ）：½カップ

▶ **小麦粉のトルティーヤ**：直径約33センチ（13インチ）のもの、2枚

▶ **メキシカン・ブレンドのシュレッド・チーズ・ミックス**：2カップ、市販のものでも自分で作ってもいい（86ページ参照）

▶ **トレホのフライド・チキン**：刻んだもの1½カップ（98ページのレシピ1回量の⅓）

▶ **セラーノ・ペッパー**：2本、みじん切りにする

○ 中くらいのボウルに、細切りにしたキャベツとチポトレ・クレマ¼カップを入れてよく混ぜる。

○ 大きめのフライパンまたは鋳鉄製のスキレットを強めの中火にかける。フライパンにトルティーヤを入れ、軽くこんがり色づくまで30秒ほど焼く。トルティーヤをひっくり返したら、全体にチーズ1カップをまんべんなく広げ、フライド・チキン¾カップをその上に均等に載せる。その上からクレマで和えたキャベツの半量を載せ、セラーノの半量を全体に散らす。チーズがとろけ始めるまで3分ほど焼く。

○ トルティーヤを半分に折って、45秒ほど焼いたら、ひっくり返して反対側も同じく45秒間焼く。焼けたらまな板に移し、4つのくし型に切る。

○ 残りの分のトルティーヤとフィリングも、同じように焼く。残りのチポトレ・クレマを添えて出す。

Food That Isn't a Taco

タコス以外の料理

ムショ仲間は最高のレストラン評論家だ。最初のころは店を出すたび、おおぜいの昔のムショ仲間に声をかけて意見を聞いていた。俺が依頼の電話をすると、みんなまずこうきいてくる。「よし、で、盗聴器はつけるのか?」。彼らは最初ちょっとばかりまずいスタートを切ったが、クリーンになって立ち直った奴らばかりだ。その1人に、マッスル・ビーチでずっと一緒に体を鍛えていた仲間がいる(41〜42ページ参照)。クレイグ・モンソンだ。彼はミスター・ワールドになったこともある立派な体格の男で、アフリカ系アメリカ人で最初にボディビル界で有名になったスターだ。俺たちはサン・クエンティン刑務所で一緒に刑期を務めた仲で、よくムショの中庭で2人でワークアウトをやっていた。ハリウッドに『トレホズ・カンティーナ』を開いたとき、俺はクレイグを招いて、正直な意見を聞かせてくれと頼んだ。店にやってきた彼は、まず中をぐるりと見回した。案内係のカウンターがあり、オリジナルのアート作品が飾られ、大きくカーブしたバーカウンターの後ろの壁にはテレビがついている。温かいトルティーヤ・チップスに新鮮なサルサ、食べ物が美しく盛りつけられた大きなトレイ。彼があとから送ってくれた感想には、じつに的確な言葉が書いてあった。「あれはタコス・スタンドとは大違いの、まさに本物のレストランだ!」

うちの店では、タコスやブリトー、ケサディーヤのたぐいには含まれない食べ物もたくさん提供している。この章には基本的に、タコスでない料理を全部一緒にまとめてあるが、それも全部ひっくるめて『トレホズ・タコス』の一部だ。こういった料理があるおかげで、うちの店はただのタコス・スタンドから一段も二段もレベルアップできたんだ。ここにはワカモレ(152ページ)や屋台の焼きトウモロコシ(166ページ)のような基本のメニューもあれば、セヴィーチェ(154ページ)のような、ときどきしかメニューに載らないちょっと手のこんだメニューもある。

昔ながらのステーキが食べたければ、伝統的なステーキハウス(39ページ)に行けばいい。だが、うちでステーキを食べると、チポトレ・ペッパーとライムの風味のきいたステーキ・ソース(54ページ)がかかっていて、サイドには焼いたポブラノ・ペッパーとメキシカン・ブレンドのチーズを混ぜこんだ超クリーミーなマッシュポテトがついてくる。

基本的にはロサンゼルス・スタイルのステーキハウスの伝統である肉+ポテトのパターンを守っているが、そこにちょっとだけメキシコ風味が加えてあるんだ。それが『トレホズ・タコス』のスタイルさ。

エル・ヘフェ・サラダ(161ページ)もそういうメニューだ。これはいわゆる「シェフズ・サラダ」のことで、もともとはケールの入った、伝統的なロサンゼルス・スタイルのヘルシーなサラダのことをいうんだが、うちのメキシカン・バージョンではそこにワカモレとコティハ・チーズとロースト・コーンを加えるんだ。こいつはうちで出す料理の中でも、俺がとくに気に入っているメニューだ。本物の男だってケール・サラダを食べる。俺自身がその見本だ。昔は食べなかったが、今は大のお気に入りという食べ物はたくさんある。みんなも最初はタコス目当てにうちの店に来るかもしれないが、タコスでないメニューもきっと大好きになるはずだ。

GUACAMOLE

ワカモレ

うちのワカモレはただのワカモレじゃない。そこにはじつにいろんな秘密が隠れている。アボカドはつぶすんじゃなくて、ふつうは熱い食材を冷ますのに使うワイヤーラックの上から押し出して細かくする。こうすると、アボカドをつぶしすぎず、きれいに角切りにできるんだ。そこへピスタチオを入れて、ザクザクした食感とナッツの風味を加える。いや待て、あわててワイヤーラックを買いに行かなくてもいいぞ。このレシピは、ワイヤーラックがなくても同じようなワカモレが作れるよう、ちゃんとアレンジしてある。

　このワカモレと一緒に出すトルティーヤ・チップスは、トルティーヤ製造会社アンジェレーノの「ラ・フォルタレーサ」だ。『トレホズ・タコス』では、できる限り地元の企業を応援することを心がけている。だから、スーパーで大手ブランドのトルティーヤ・チップスを買ってきたほうがお手軽だろうが、みんなもできれば地元のメーカーで作っているチップスを探して、地域の経済を回すことを考えてみてほしい。

6人分

- ▶ **アボカド**：中サイズの完熟したもの3個、半分に割って種をとる
- ▶ **白タマネギ**：小サイズ½個、みじん切りにする
- ▶ **セラーノ・ペッパーまたはハラペーニョ**：½本、みじん切りにする
- ▶ **新鮮なコリアンダー**：刻んだもの大さじ4

- ▶ **ライムの搾り汁**：1個分＋足りなければもう少々
- ▶ **ピュア・オリーブオイル**：大さじ1
- ▶ **コーシャー・ソルト**：小さじ1＋足りなければもう少々
- ▶ **有塩ロースト・ピスタチオ**：刻んだもの大さじ2

○半分に切ったアボカドの果肉1.5個分をスプーンですくい取って、中サイズのボウルに入れる。フォークかポテト・マッシャーでだいたいなめらかになるまで、ざっくりつぶす。
○別の中サイズのボウルに、残り1.5個分のアボカドを入れてもう少し粗めにつぶす。そこになめらかにしたほうのアボカド、タマネギ、トウガラシ、コリアンダー大さじ2、ライム汁、オリーブオイル、塩を加え、全体を静かに混ぜる。味をみて、足りなければライム汁か塩を足す。ピスタチオを散らし、残りのコリアンダー大さじ2をかけて出す。

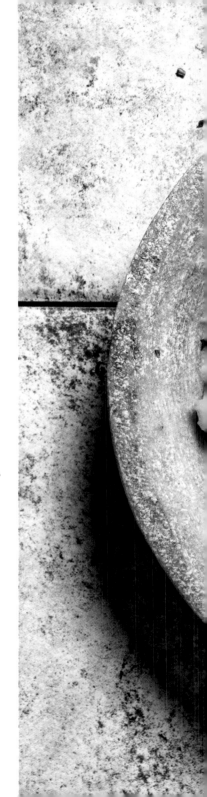

SHRIMP & SCALLOP CEVICHE

エビとホタテのセヴィーチェ

自分の家でセヴィーチェを作るのはちょっと……と尻込みする人は多いが、じつは思いの
ほか簡単にできる。ライムとレモンさえ搾れれば、あとはできたも同然だ！ 手動の蝶番
式スクイーザーを使って二の腕を鍛えてもいいが、電動ジューサーがあればそれにこした
ことはない。ライムの搾り汁1回分でシーフードにいい酸味がつくし、仕上げのアグアチ
リ・ドレッシングにもう一搾りレモンとライムを入れれば、セビーチェに新たな味の厚み
が加わる。

6人分

［セヴィーチェ用］

- **エビ**：大きめのもの450グラム（1ポンド）、皮を
  むき背ワタをとって、約1.5センチ（½インチ）
  角に切る。
- **ホタテ**：小さめのもの230グラム（½ポンド）
- **新鮮なライムの搾り汁**：2カップ（ライム12～14
  個分）

［アグアチリ・ドレッシング用］

- **葉タマネギ**：2本、白と緑の部分を両方とも刻む
- **キュウリ**：1本、粗く刻む
- **ハラペーニョ**：1個、粗く刻む
- **新鮮なコリアンダー**：粗く刻んだもの ¾ カップ
- **セラーノ・ペッパー**：中サイズ½個、粗く刻む
- **新鮮なイタリアン・パセリ**：粗く刻んだもの ¼
  カップ
- **レモンの搾り汁**：⅓カップ（レモン約3個分）
- **ライムの搾り汁**：¼カップ（ライム約2個分）
- **コーシャー・ソルト**：小さじ1

［飾り用］

- **赤タマネギ**：中サイズ½個、角切りにする
- **キュウリ**：小サイズ1個、角切りにする
- **グリルド・パイナップル**（86ページ参照、お好み
  で）：角切りにしたもの ¼ カップ
- **ピコ・デ・ガヨ**（48ページ）：大さじ3
- **新鮮なコリアンダー**：刻んだもの大さじ1

セヴィーチェの「下ごしらえ」をする ◎ 大きめのボウルに、エビ、ホタテ、ライムの搾り汁を入れて混ぜる。ボウルにラップをかけて、冷蔵庫で3時間ほど冷やす。

アグアチリ・ドレッシングを作る ◎ 葉タマネギ、キュウリ、ハラペーニョ、コリアンダー、セラーノ、パセリ、レモン汁、ライム汁、塩をミキサーに入れて、なめらかになるまで回す。

セビーチェを仕上げる ◎ エビとホタテの「下ごしらえ」ができたら（固く締まって透明から白色に変わったら）、

◎ 汁気を切ってボウルに戻し、アグアチリ・ドレッシングを加えてよく混ぜる。

◎ できあがったセヴィーチェを盛りつけ用の皿に移し、角切りのタマネギ、キュウリ、パイナップル（使う場合）、ピコ・デ・ガヨ、コリアンダーで飾りつけをする。

トレホのアドバイス

セヴィーチェの食べかた

セヴィーチェはトスターダ（104ページ）にしてもいいし、市販のトルティーヤ・チップスを添えて出してもいい。

TREJO'S CHICKEN WINGS WITH BLUE CHEESE DIP

トレホのチキン・ウィング ブルーチーズ・ディップ添え

このチキン・ウィングのレシピはニューヨーク名物のバッファロー・ウィングによく似ているが、こっちのほうは揚げなくてもいいし、ニューヨークで昔から使われているフランクス・ホットソースの代わりに、ロスではおなじみのメキシカン・ホットソースを使う。揚げなくていいということは、フットボールのゲームを見る時間が余分にとれるし、ひいきのチームが得点したときに連れが盛りあがって、そこらじゅうにチキンの油を飛ばしまくる心配もない。試合の1日か2日前にディップを用意して、チキンがオーブンで焼き上がったらすぐに食べられるようにしておこう。

4〜6人分 [ディップ2カップ]

[チキン・ウィング用]
- **ベーキング・パウダー**:大さじ1
- **ガーリック・パウダー**:小さじ1
- **オニオン・パウダー**:小さじ1
- **カイエン・ペッパー**:小さじ1
- **パプリカ**:小さじ1
- **チキン・ウィング**:900グラム(2ポンド)(約20個)、ドラム(手羽元)とフラット(手羽中)に切り分け、ペーパータオルで押さえて水分をとっておく
- **キャノーラ油**:大さじ1
- **無塩バター**:溶かしたもの大さじ4(約56グラム)
- **ホットソース**:トレホズ・ソース、タパティオ・ソース、チョルーラ・ソースなど大さじ2

[ブルーチーズ・ディップ用]
- **ブルーチーズ**:砕いたもの1カップ
- **サワークリーム**:½カップ
- **マヨネーズ**:¼カップ
- **レモンの搾り汁**:½個分
- **全乳またはバターミルク**:大さじ1
- **ニンニク**:小サイズ1かけ、刻む
- **コーシャー・ソルト**
- **挽きたての黒コショウ**

チキン・ウィングを焼く ◦ オーブンを200℃(400F)に予熱しておく。
◦ 大きめのボウルに、ベーキング・パウダー、ガーリック・パウダー、オニオン・パウダー、カイエン・ペッパー、パプリカを入れて混ぜる。そこにチキン・ウィングを入れ、よく揺すって全体に粉をまぶす。
◦ 約28センチ×43センチ(11インチ×17インチ)の天板にアルミホイルを敷く。キャノーラ油をホイルに塗ってから、チキンを天板に並べる。こんがり茶色に色づくまで、45分ほど焼く。

ディップを作る ◉ 中くらいのボウルにブルーチーズ、サワークリーム、マヨネーズ、レモン汁、ミルク、ニンニク、塩とコショウ少々を入れて混ぜあわせる。全体がなじむまで混ぜたら味をみて、足りなければ塩コショウを足す。すぐに食べるか、ボウルにラップをして冷蔵庫で保存すれば3日はもつ。

チキンにソースをからめる ◉ 小さめのボウルに溶かしバターとホットソースを入れて混ぜる。チキンをオーブンから出したら、混ぜたホット・バター・ソースを全体にかけてよくからめる。ブルーチーズ・ディップを添えて出す。

NACHOS
ナチョス

ふつうにうまいナチョスとめちゃくちゃうまいナチョスの違いは、素材の配置のしかたに
ある。すべての素材がまんべんなくチップスの上にかかり、ひと口食べるごとにとろとろ
のチーズや、パンチの効いたハラペーニョ、豆、そして秘伝のチポトレ・クレマが、ぜん
ぶ口の中に入るよう注意を払おう。

4人分

- ▶ **トルティーヤ・チップス**:4カップ
- ▶ **メキシカン・ブレンドのシュレッド・チーズ・ミック ス**:1カップ、市販のものでも自分で作ってもい い(86ページ参照)
- ▶ **ブラックビーンズまたはうずら豆の缶詰**:洗って 水気を切ったもの1カップ、または基本のブ ラックビーンズ(170ページ)の残り1カップ、温 める

- ▶ **ピコ・デ・ガヨ**(48ページ):1カップ
- ▶ **チポトレ・クレマ**(60ページ):¼ カップ
- ▶ **エスカベッシュ**(51ページ)**またはハラペーニョの ピクルスの缶詰**:½ カップ、水気を切る
- ▶ **コティハ・チーズ**:砕いたもの大さじ2
- ▶ **新鮮なコリアンダー**:みじん切りにしたもの大さ じ2

○ オーブンを180℃(350F)に予熱しておく。
○ 天板にトルティーヤ・チップスを散らし、その上からシュレッド・チーズをまんべんなくかけ
る。すべてのチップスの上に、チーズが必ずかかった状態にすること。チーズが溶けるまで、3
〜5分焼く。
○ チップスの上に豆とピコ・デ・ガヨを載せ、チポトレ・クレマをかける。チップスの上にエス
カベッシュを散らし、さらにコティハ・チーズとコリアンダーで飾って出す。

FAJITAS

ファヒータ

ファヒータはロサンゼルス生まれの料理ではないが、うちの店のメニューに入っているのは、激辛のメキシコ料理を好まない人もいるからだ。この料理のルーツはテキサスにあり、ガウチョ〔南米のカウボーイ〕たちが牛肉とありあわせの野菜を使って作っていた料理がもとになっている。うちの店のファヒータは今風のこじゃれたものじゃなく、昔ながらのカウボーイ料理への先祖返りみたいなものかもしれない。肉や魚はお好みのもので。米かトルティーヤにかけない場合は、正確にいうとパレオ・ダイエットになるから、俺のようなボディビル好きにぴったりのメニューといえる。

4人分

- ▶ **ピュア・オリーブオイル**：大さじ3
- ▶ **白タマネギ**：大サイズ1個、縦半分に割って薄くスライスする
- ▶ **赤パプリカ**：1個、半分に割って種をとり、薄い細切りにする
- ▶ **黄パプリカ**：1個、半分に割って種をとり、薄い細切りにする
- ▶ **ポブラノ・ペッパー**：2個、半分に割って種をとり、薄い細切りにする
- ▶ **コーシャー・ソルト**
- ▶ **挽きたての黒コショウ**

- ▶ **好みのタンパク源**：680グラム（1½ポンド）（スカート・ステーキ、骨と皮をとった鶏もも肉または胸肉、皮をむいて背ワタをとった中サイズのエビ、豆腐など）
- ▶ **ニンニク**：3かけ、みじん切りにする
- ▶ **ライム**：1個、4つのくし切りにする
- ▶ **小麦粉のトルティーヤ**：直径約25センチ（10インチ）の温めたもの、8枚
- ▶ **市販のロースト・トマト、または自家製サルサ・ロハ（53ページ参照）またはサルサ・ヴェルデ（52ページ参照）**：添えて出す

○鋳鉄製のスキレットに油大さじ2を入れて強火にかける。タマネギ、赤・黄パプリカ、ポブラノ・ペッパーを入れ、塩コショウして、かき混ぜながらところどころ軽く焼き目がついて柔らかくなるまで7分ほど炒める。できたら皿に移しておく。

○残りの油大さじ1をスキレットに足したら、肉または魚とニンニクを入れ、肉類の両面に焼き目がついて中に火が通るまで焼く。スカート・ステーキなら片面につき3分、鶏胸肉なら片面5分、鶏もも肉なら片面8分、エビなら片面2分、豆腐なら片面3分。牛肉か鶏肉を焼いた場合は、焼けたらまな板に移して5分ほど休ませてから、筋に対して垂直に細切りにする。スキレットはそのままにしておく。

○炒めておいた野菜をスキレットに戻してもう一度強火にかけ、スキレットに残った肉汁とからめる。野菜を4等分してそれぞれの皿に敷き、肉か魚をその上に載せる。ライムのくし切りと、温めたトルティーヤ、お好みのサルサを添えて出す。

EL JEFE SALAD

エル・ヘフェ・サラダ

この乱切りサラダは、健康面から見れば、ナチョスの正反対に位置するものだ。だが、ナチョスに負けずパリパリで、さわやかで、満足感も得られる。サラダの上にこの本のレシピで作った肉や魚を載せれば、それで立派な食事になる。

4人分

- ► ピュア・オリーブオイル：大さじ3
- ► レモンの搾り汁：1個分
- ► ライムの搾り汁：½個分
- ► コーシャー・ソルト
- ► 挽きたての黒コショウ
- ► イタリアン・ケール：中サイズの葉4枚、芯の部分を取ってみじん切りにする（約1カップ）
- ► ロメインレタス：小サイズ1株、細切りにする（約4カップ）
- ► ロースト・コーン（163ページ）：½カップ
- ► ブラックビーンズの缶詰：洗って水気を切ったもの½カップ、または基本のブラックビーンズ（170ページ）½カップ
- ► チェリートマト：4つ切りにしたもの½カップ
- ► コティハ・チーズ：砕いたもの¼カップ
- ► ワカモレ（152ページ）：¼カップ
- ► 焼いたエビ、鶏肉、アサーダ、カルニータスなど：1カップ（お好みで）
- ► 細切りトルティーヤ・チップス（77ページ）：½カップ

◎ 大きめのボウルに、オリーブオイル、レモン汁、ライム汁を入れて混ぜ、塩コショウで味を整える。そこにケールとレタスを加えてよく和える。コーン、ブラックビーンズ、チェリートマト、コティハ・チーズをかける。

◎ ボウルの片側にワカモレを載せ、好みで肉や魚を載せる場合はその反対側に盛る。細切りトルティーヤ・チップスを散らして出す。

KALE SALAD
ケール・サラダ

俺はケール・サラダをよく食べる。そのことをべつに恥ずかしいともなんとも思わない。それどころか、敬愛する亡き料理家アンソニー・ボーディンがやっていたテレビ番組『アンソニー世界を駆ける』に出演して、ケール・サラダをバリバリ食べる姿が全米ネットで放送されたほどだ！　ケールの葉はしっかりしていて、時間が経ってもあまりしおれたりしないので、パーティーの前などに早めに作っておくのに向いている。

4人分

- ▶ **イタリアン・ケール**：中サイズ2株、芯の部分を取って葉を細いリボン状に切る（6カップ）
- ▶ **キュウリ**：小サイズ½本、角切りにする
- ▶ **赤パプリカ**：小サイズ½個、角切りにする
- ▶ **ブラックビーンズの缶詰**：洗って水気を切ったもの½カップ、または基本のブラックビーンズ（170ページ）½カップ
- ▶ **チェリートマト**：半分に切ったもの½カップ
- ▶ **ロースト・コーン**（次ページ参照）：½カップ
- ▶ **コーシャー・ソルト**：小さじ1
- ▶ **クリーミー・コリアンダー・ライム・ドレッシング**（58ページ）：¼カップ
- ▶ **ペピータ**（カボチャの種）：焼いたもの大さじ2
- ▶ **レモン**：1個、4つのくし切りにする

○中サイズのボウルに、ケール、キュウリ、パプリカ、ブラックビーンズ、トマト、コーン、塩を入れ、ドレッシングを加えてなじむまでよく混ぜる。サラダを人数分の容器に分け、ペピータを散らす。レモンのくし切りを添えて出す。

ロースト・コーンの作りかた

どうすれば最高のロースト・コーン作れるのか、その方法は決まっていない。どの調理法にも一長一短がある。フライパンで焼くと、少し乾燥気味になるが、コーンの粒の風味がグッと濃くなる。グリルで焼くと、スモーキーな風味と甘みが増す。コンロの直火で焼くと、早く焼けるので、粒がしっかり果汁を含んだ状態のまま、フレッシュな甘みとスモーキーな風味のバランスのとれた焼きあがりになる。

フライパンで焼く コーンをまな板の上、またはボウルの中に垂直に立て、粒が外れるよう下向きに包丁を入れる。中サイズの鋳鉄製のフライパンにコーンの粒を入れて強めの中火にかけ、ときどき揺すりながらこんがりと焼き目がつくまで5〜7分焼く。

グリルで焼く グリルを中火にして皮をむいたコーンを載せ、数分ごとに転がしながら、粒がふくらんで薄黄色から鮮やかな黄色に変わるまで焼く。全体を冷ましてから、粒を軸から外す。

直火で焼く ガスコンロの上に金網などを置き、皮をむいたコーンの穂をじかに置く（この焼きかたにはガスコンロが必要）。トングを使って数分ごとに転がしながら、粒のほとんどがふくらむまで5分ほど焼く。全体を冷ましてから、粒を軸から外す。

ROASTED BRUSSELS SPROUTS WITH RED CHIMICHURRI

ロースト芽キャベツ 赤チミチュリ・ソース添え

俺が子どものころには、まわりに芽キャベツを好んで食べる人間なんて1人もいなかったから、うちのシェフたちが芽キャベツ料理をメニューに入れたいと言ってきたとき、俺は半信半疑だった。大体昔は、芽キャベツをどうやって調理すればいいのかさえ、誰も知らなかったんだ。とりあえずゆでればいいかってことで湯に放り込むんだが、ゆですぎると硫黄みたいな味がする。ところがそのうち、誰かが気づいたんだ。さっとローストしてカラメル化させると、カリッとしてしかも柔らかくなることに。今では俺を含めて、みんなが芽キャベツが大好きになった。うちの店では、芽キャベツを素揚げにしたりもしていて、これがまたヤバいくらいうまいんだが、とにかく油がはねるので相当な覚悟がいる。オーブンで焼いたほうがヘルシーだし、なんといっても全然怖くない。

　チミチュリ・ソースはふつう緑色だが、赤チミチュリの赤い色はスモーク・パプリカとチポトレ・ペッパーによるものだ。ピリッと辛く、スモーキーで、ブロッコリーとかカリフラワーといった野菜にすごくよく合う。その手の野菜は、昔は大嫌いだった人が多いと思うが、芽キャベツと同じように、焼くとめちゃくちゃうまくなるんだ。

4人分 [チミチュリ¾カップ]

[芽キャベツ用]

- ► 芽キャベツ:680グラム（1½ポンド）、芯の部分はカットして、縦半分に割る
- ► ピュア・オリーブオイル:¼ カップ
- ► コーシャー・ソルト:小さじ1
- ► 挽きたての黒コショウ:小さじ1

[赤チミチュリ・ソース用]

- ► エクストラバージン・オリーブオイル:½ カップ
- ► 赤ワイン・ビネガー:¼ カップ
- ► ニンニク:3かけ、みじん切りにする
- ► アドボソース漬け缶詰に入ったチポトレ・ペッパー:1個、刻んでおく（約大さじ1）
- ► スモーク・パプリカ:小さじ1
- ► コーシャー・ソルト
- ► 挽きたての黒コショウ
- ► 新鮮なイタリアン・パセリ:みじん切りにしたもの1カップ
- ► 新鮮なコリアンダー:みじん切りにしたもの大さじ2

芽キャベツをローストする ◦ オーブンを230℃（450F）に予熱しておく。
◦約28×43センチ（11×17インチ）の縁つきの天板全体に芽キャベツを広げ、
油、塩、コショウをかけ、転がしてよくまぶす。こんがりと色づいて柔らかく
なるまで、20〜25分ローストする。
赤チミチュリ・ソースを作る ◦大きめのボウルに、オリーブオイル、赤ワイ
ン・ビネガー、ニンニク、チポトレ・ペッパー、パプリカを入れて混ぜ、塩コ
ショウで味を整える。さらにパセリとコリアンダーを加えてよく混ぜる。
◦ローストした芽キャベツをソースに入れてよく和える。皿に移して出す。

STREET CORN
ON THE COB [ELOTE]

屋台の焼きトウモロコシ［エローテ］

ロスの街角には、いたるところに1本2ドル（約260円）でエローテを売る屋台が店を出している。たいていの屋台ではマヨネーズがかかっているが、うちではその代わりにチポトレ・クレマを使い、ちょっとばかり上等なメニューに仕立てた。だがその満足感をもたらすうまさには、もちろん変わりがない。

6個分

- ► **コーン**：3本、皮をむいておく
- ► **コティハ・チーズ**：砕いたもの 1カップ
- ► **チポトレ・クレマ（60ページ）**： 1½カップ
- ► **タヒン・シーズニング**（104ページのトレホのアドバイス参照）
- ► **レッド・チリ・パウダー**：少々
- ► **新鮮なコリアンダー**：みじん切りにしたもの1カップ

○ 大きな鍋に湯を沸騰させ、コーンを入れて柔らかくなるまで5〜7分ゆでる。ゆで上がったら水分を切ってまな板に置き、半分に切る。

○ 砕いたコティハ・チーズを皿に広げる。ゴムかシリコンのスパチュラを使って、コーンの全面にチポトレ・クレマをぬる。次にコティハ・チーズの上を転がして、しっかり全体にまぶす。タヒン・シーズニングとチリ・パウダーをお好みでかける。コリアンダーを散らして出す。

STREET CORN IN A BOWL
屋台のボウル入りコーンサラダ

このメニューの味つけはエローテとほぼ同じだが、使う野菜の種類が増え、チポトレ・クレマも少なめなので、グッとヘルシーさが増している。ポップコーンをまぶすのは、脂質を加えずに風味とパリパリする食感を増やす、面白いアイディアだ。

2人分 [ボウル4個分]

- **コーン**：大きめのもの2本、皮をむいておく
- **チポトレ・クレマ**（60ページ）：大さじ2
- **葉タマネギ**：6本、白と緑の部分両方を薄くスライスしておく
- **新鮮なコリアンダー**：みじん切りにしたもの ½ カップ ＋ 飾りつけにもう少々
- **セラーノ・ペッパー**：½ 個、薄くスライスする
- **ニンニク**：1かけ、みじん切りにする
- **ライムの搾り汁**：1個分
- **作りたてのポップコーン**：1カップ
- **コティハ・チーズ**：砕いたもの ¼ カップ

○ ガスまたは炭焼きグリルを中火で熱する。

○ 皮をむいたコーンを載せ、数分ごとに転がしながら、粒がふくらんで薄黄色から鮮やかな黄色に変わるまで焼く。全体を冷ましてから、粒を軸から外す。

○ 中くらいのボウルに、焼いたコーン、チポトレ・クレマ、葉タマネギ、コリアンダー、セラーノ・ペッパー、ニンニク、ライム汁を入れてよく混ぜる。それぞれのボウルに混ぜたものを分け入れ、ポップコーンとコティハ・チーズ、さらに飾り用のコリアンダーを散らす。

COTIJA & CHILE MASHED POTATOES

コティハ・チーズとトウガラシ入りマッシュ・ポテト

メキシコ料理にマッシュ・ポテトはあまり縁がなさそうだが、焼いたトウガラシとコティハ・チーズを入れると、この本に載せたほかのレシピにとてもよく合う付けあわせになる。リッチでクリーミーで食べだすと止まらないこのマッシュ・ポテトは、トレホのステーキソース（54ページ）をかけたステーキや、バルバコア、カルニータスに添えるのにピッタリだ。

6人分

- ▶ **ポブラノ・ペッパー**：中サイズ2本
- ▶ **ジャガイモ（ユーコン・ゴールドなど）**：900グラム（2ポンド）、よく洗って4つに切る（皮はつけたまま）
- ▶ **全乳**：2カップ
- ▶ **コーシャー・ソルト**：小さじ1
- ▶ **挽きたての黒コショウ**：小さじ1

- ▶ **無塩バター**：溶かしたもの大さじ8（約113グラム）
- ▶ **コティハ・チーズ**：砕いたもの大さじ3
- ▶ **メキシカン・ブレンドのシュレッド・チーズ・ミックス**：½カップ、市販のものでも自分で作ってもいい（86ページ参照）

○ 強めの中火にしたガス火の上に金網などを置き、ポブラノ・ペッパーをじかに置いて、トングでときどき転がしながら、すべての面がふくらむまで5分ほど焼く。焼けたら冷まして、黒く焦げた部分をスプーンでこそげ落とす。軸を切りとり、縦割りにして種を取り除き、粗く刻んで置いておく。カップ½ほどになるはず。

○ ジャガイモを中サイズのソースパンに入れ、水をかぶるくらい入れる。強火で沸騰するまで熱したら、弱めの中火にしてジャガイモの中に火が通って柔らかくなるまで20分ほどゆでる。湯を切って別の器に移し、少し冷ましておく。

○ 同じソースパンに牛乳、塩コショウを入れて、中火にかける。牛乳から湯気が立ち始めたら、ジャガイモを鍋に戻し、ポテトマッシャーを使ってつぶしながら牛乳と混ぜる。ただし混ぜすぎないよう注意。

○ 溶かしバターを静かに混ぜ入れ、さらにコティハ・チーズの半量、チーズミックスの半量、刻んだポブラノ・ペッパーの半量を入れてゆっくり混ぜる。

○ ゴムのスパチュラを使って、混ぜたマッシュ・ポテトを盛りつけ用の皿に移す。残りのコティハ・チーズ、チーズミックス、ポブラノ・ペッパーを散らして出す。

BASIC BLACK BEANS
基本のブラックビーンズ

豆の缶詰のほうが安いんじゃないの、と思う人も多いだろうが、ちょっと待て。乾燥豆1袋でいったいどれほどの煮豆ができるか、知ってるか？　乾燥豆450グラム（1ポンド）の値段はほんの数ドルだが、煮豆にしたら12人分（いやそれ以上だ！）は余裕でできるんだ。乾燥豆から煮た豆は、よりもっちりした食感になり、一緒に調理したほかの素材の味もたっぷり吸い込んで超うまくなる。煮る前に長いこと水に浸せば浸すほど、よりクリーミーに煮上がる。

6カップ分

- ▶ 乾燥ブラックビーンズ：450グラム（1ポンド）
- ▶ ピュア・オリーブオイル：大さじ2
- ▶ 黄タマネギまたは白タマネギ：中サイズ½個、刻んでおく
- ▶ ニンジン：中サイズ2本、刻んでおく
- ▶ セロリ：1本、刻んでおく
- ▶ ハラペーニョ・ペッパー：中サイズ½個、刻んでおく
- ▶ ニンニク：2かけ、刻んでおく
- ▶ 乾燥アルボル・ペッパー：1個
- ▶ クミン・パウダー：小さじ2
- ▶ 乾燥オレガノ：小さじ1
- ▶ シナモン・スティック：½本、約2.5センチ（1インチ）
- ▶ 乾燥ベイリーフ：1枚
- ▶ コーシャー・ソルト
- ▶ 挽きたての黒コショウ：小さじ1＋足りなければもう少々

○豆を大きめのボウルに入れ、室温の水を豆より少なくとも5センチ（2インチ）分は多めに入れる。室温で、少なくとも3時間からできれば一晩つけておく。

○大きめの鍋に油を入れて中火にかけ、ふつふつしてくるまで（ただし煙が立たない程度に）2分ほど熱する。タマネギ、ニンジン、セロリ、ハラペーニョ、ニンニクを入れ、ときどきかき混ぜながら、具材が柔らかくなるまで（ただし焦げ目がつかない程度に）7〜10分炒める。豆の水気を切って鍋に加え、さらにアルボル・ペッパー、クミン・パウダー、オレガノ、シナモン・スティック、ベイリーフ、塩コショウを加える。冷水を豆より少なくとも5センチ（2インチ）分は多めに入れる。火を一旦強火にし、沸騰したら弱めの中火にして、豆が柔らかくなるまで45分から1時間煮る。煮詰まるようなら途中で水を足す。

○味をみて、足りなければ塩コショウを足す。ベイリーフ、アルボル・ペッパー、シナモン・スティックは食べる前に取り出して捨てる。密閉容器に入れて冷蔵庫で保存すれば、3日はもつ。

SPANISH RICE
スパニッシュ・ライス

トマトで黄色っぽいピンクに色づいたスパニッシュ・ライスは、アメリカ中のメキシコ料理レストランで食べられている定番のサイド・ディッシュだ。コンボ・プレートNo.3には、注文した好みの料理とリフライド・ビーンズの隣に、このライスが載っていないと完璧とは言えない。うちの店では、定番のレシピにアルボル・ペッパーとオーガニックなバスマティ米を加えて、少々レベルアップしてある。ブリトーのフィリングに使うのもいいし、この本に載せたどんな肉料理と合わせても満足のいく一品だ。

4〜6人分

- **ピュア・オリーブオイル**：¼カップ＋大さじ2
- **白タマネギ**：中サイズ½個、角切りにする
- **ニンニク**：3かけ、みじん切りにする
- **コーシャー・ソルト**：小さじ1½＋足りなければもう少々
- **バスマティ米（できればオーガニックなもの）**：2カップ
- **ダイストマトの缶詰**：ジュース入り1カップ
- **乾燥アルボル・ペッパー**：1個
- **乾燥ベイリーフ**：1枚

○大きめのソースパンに油¼カップを入れて中火にかけ、ふつふつするまで3分ほど熱する。タマネギとニンニクを加えて、ときどきかき混ぜながら、タマネギが透きとおるまで5分ほど炒める。塩をふり、バスマティ米を入れて、ときどきかき混ぜながら米の香りが立つまで5分ほど炒める。

○水2カップ、トマト、アルボル・ペッパー、ベイリーフを入れて強火にする。沸騰したら弱火にし、鍋にふたをして20分ほど煮る。煮上がったら火を止めて、鍋を火から下ろし、ふたをしたまま5分ほど蒸らす。

○ふたをとって、残りのオリーブオイル大さじ2を入れ、フォークでライスをほぐすように混ぜる。アルボル・ペッパーとベイリーフは取り除く。味をみて、足りなければ塩少々を加える。

BROWN
BASMATI RICE

ブラウン・バスマティ・ライス

店をオープンしたばかりのころ、うちで出していたのはこのライスだった。いろんなスパイスといろんな味が詰めこまれたこのライスを食べれば、健康への道は約束されたも同然だ。だが店の経営者としては、オーダーのあまり入らない料理をメニューに載せておくわけにはいかない。なぜか店に来るお客さんは、みんなただのライスかスパニッシュ・ライスしか頼まないんだ。それで泣く泣く、ヘルシーなブラウン・バスマティ・ライス（訳注：玄米のバスマティ米を使った料理）はメニューから外すことにした。だが、この本にレシピを載せることにしたのは、うちのスタッフはみんなこのライスが大好きだし、ほかにも健康に気をつかうシェフたちがこのレシピを見て大喜びしてくれると思ったからだ。ヘルシー志向のみんなには、ぜひとも試してみてほしい。

6人分

- ► ピュア・オリーブオイル：大さじ2
- ► 乾燥アルボル・ペッパー：1個
- ► クミン・シード：大さじ1
- ► 黄タマネギ：中サイズ½個、角切りにする
- ► ニンニク：2かけ、刻んでおく
- ► バスマティ米玄米（できればオーガニックなもの）：2カップ
- ► 乾燥ベイリーフ：1枚
- ► 全脂ココナッツ・ミルク：2カップ
- ► シナモン・スティック：½本、約2.5センチ（1インチ）

○中サイズの鍋にオリーブオイルを入れて強めの中火にかけ、煙が立つまで3分ほど熱する。アルボル・ペッパーとクミン・シードを加えて、つねにかき混ぜながら、香りが立つまで5秒から10秒炒める。そこへタマネギを加え、つねにかき混ぜながら、柔らかくなるまで7分ほど炒める。ニンニクを加えてさらに1分炒め、そこへ米とベイリーフを加えてつねにかき混ぜながら、米の香りが立ち透きとおるまで5分ほど炒める。

○水2カップ、ココナッツ・ミルク、シナモン・スティックを入れて沸騰させる。一旦沸騰したら弱火にし、鍋にふたをして25分ほど煮る。煮上がったら火を止めて、鍋を火から下ろし、ふたをしたまま15分ほど蒸らす。ふたをとって、フォークで米をほぐすように混ぜる。アルボル・ペッパーとベイリーフとシナモン・スティックは食べる前に取り除く。

REFRIED
BLACK BEANS

リフライド・ブラック・ビーンズ

この料理はこの本の中で、いちばん安くてうまい一皿かもしれない。缶詰の豆を使えば、ものの20分もしないうちに満足のいくごちそうができあがる。しかも栄養もボリュームもたっぷりなのに、体にもいいという貴重な一品でもある。

約4カップ分

► **ピュア・オリーブオイル**：¼ カップ

► **黄タマネギ**：中サイズ½個、角切りにする

► **ニンニク**：4〜5かけ、刻んでおく

► **ハラペーニョ・ペッパー**：中サイズ1個、刻んでおく

► **ブラックビーンズの缶詰**：4カップ、汁気を切り、つけ汁は別にとっておく

► **クミン・パウダー**：小さじ2

► **コーシャー・ソルト**：小さじ1

► **カイエン・ペッパー**：小さじ¼

◦ 鋳鉄製のスキレットを弱めの中火にかけて2分間熱してから、オリーブオイルを加える。タマネギ、ニンニク、ハラペーニョを入れて、ときどきかき混ぜながら、柔らかくなるまで（ただし焦がさないように）10分ほど炒める。

◦ 豆、クミン・パウダー、塩、カイエン・ペッパーを加える。豆は大きめのフォークかポテト・マッシャーで、粒が残りすぎず、あまりなめらかになりすぎない程度にざっくりつぶす。ときどきかき混ぜながら、甘い香りが立って少しもったりするまで、10分ほど煮る。一旦豆が十分柔らかくなったかどうか味見し、まだ少し硬かったら、とっておいた豆のつけ汁を¼カップ加えてもう5分ほど混ぜる。味見しながら、豆が好みの柔らかさになるまでつけ汁を足して混ぜるのを繰り返す（うちの店では、スープより少し濃い程度にしている。豆のつけ汁がなくなったら、水を足す）。すぐ食べてもいいし、密閉容器に入れて冷蔵庫で保存すれば3日はもつ。

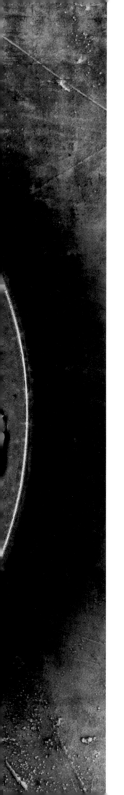

MEXICAN-ISH RISOTTO

メキシコ風リゾット

ふつうの米を調理する方法とは違い、このレシピでは水分をお玉1杯ずつ加えていき、イタリア料理のリゾットのようなクリーミーな粥の食感を作りだす。そこにトウガラシとシナモンを加えて、メキシコ風味を加えた。厳密に言えばこの料理は昼食や夕食向けのメニューだが、シナモンの甘みに合わせてハチミツやメープルシロップ、アガベとバターなどを加え、朝食にしてもいい。夕食用に出すときは、グリルド・スパイシー・ディアブロ・シュリンプ（118ページ）に合わせてもいいし、フライパンで炒めたチョリソーと目玉焼きをプラスしてもいい。

6人分

- ▶ **全脂ココナッツ・ミルク**：1½カップ
- ▶ **ピュア・オリーブオイル**：大さじ2
- ▶ **短粒種玄米**：2カップ
- ▶ **白タマネギまたは黄タマネギ**：刻んだもの ½カップ
- ▶ **ニンニク**：2かけ、刻んでおく
- ▶ **クミン・シード**：大さじ1

- ▶ **乾燥ベイリーフ**：1枚
- ▶ **シナモン・スティック**：½本、またはシナモン・パウダー：小さじ¼
- ▶ **乾燥アルボル・ペッパー**：丸ごと1本
- ▶ **コーシャー・ソルト**
- ▶ **挽きたての黒コショウ**

○ 中サイズの鍋を弱めの中火にかけ、水3カップとココナッツ・ミルクを入れて温める。温まったら弱火にする。

○ 別の中サイズの鍋にオリーブオイルを入れて強めの中火にかけ、ふつふつするまで2分ほど熱する。米、タマネギ、ニンニク、クミン・シード、ベイリーフ、シナモン・スティック、アルボル・ペッパーを入れて混ぜ、米に油がからんでスパイスの香りが立つまで2分ほど炒めたら、火を弱めの中火にする。

○ 先に温めておいたココナッツ・ミルクと水を混ぜたもの1カップを加えて、米が吸うまで5〜8分混ぜる。続けてココナッツ・ミルク水を1カップずつ入れて混ぜるのを繰り返し、米が十分柔らかく（ただし少し芯が残るアルデンテな状態に）なるまで、合計25〜30分煮る。ココナッツ・ミルク水の残り½カップを混ぜ入れたら、塩コショウで味を整える。ベイリーフ、シナモン・スティック、アルボル・ペッパーは食べる前に取り除く。

ナンバーワン・ファン

2019年、俺のラムズはスーパーボウルに進出した。いま「俺の」って言ったか？　もとい、「俺たちの」ラムズってことだ。ラムズはまさにロサンゼルスを象徴するチームだ。一時期本拠地としていたセントルイスからロスに戻ってきたのはつい3年前だが、俺はラムズがセントルイスに移る前の1950年代からずっとファンなんだ。うちの一家はパコイマに引っ越してくる前は、エコー・パークに住んでいた。当時ロスでは街中を路面電車が走っていて、俺は従兄弟たちと一緒に電車に飛び乗っては、試合開始の1時間も前にロサンゼルス・メモリアル・コロシアムへ駆けつけていたもんだ。その頃は警備もかなりゆるくてな。俺たちはトイレに隠れて、ちゃんとチケットを買った観客がどっと押し寄せてくる時間を待ち、人混みに紛れて中へ入りこんでいた。

ラムズや、それと同じくらい大好きなドジャースを見にいくのは、子どもの頃の俺の一番の楽しみだった。いま振り返ってみると、それは俺にとって子ども時代を生き抜くための重要なスキルであり、学校や少年院やその他もろもろのことから逃れる唯一の方法だったという気がする。スタジアムでひいきのチームを応援していると、ロスに住むすべての人と一体になれた気がした……その感覚をうまく言葉にするのは難しい。俺はただただものすごいエネルギーの渦にのみこまれ、大事なのはその瞬間、目の前で起こっていることだけだった。

俺はいまでもスポーツの熱狂的ファンだ。

ひょっとしたら、ドジャー・スタジアムの建設を見ていた頃よりも、いまのほうが熱狂の度合いは高いかもしれない。ドジャースが2018年のワールド・シリーズでレッド・ソックスと対戦したとき、ある試合で延長戦が12回に突入し、観客がゾロゾロ帰り始めた。そのとき俺は思わず叫んじまったんだ、みんなすわれ、試合はまだ終わってないぞ！　とね。だが15回に入ると、俺は少々後悔し始めた。あんなこと言った手前、引っ込みがつかなくてもう帰れやしない。結局ドジャースは勝ったものの、試合は18回まで続き、ワールド・シリーズ史上最長の試合になった。彼らの勝利には、俺もいくぶんか貢献したと思うことにしている。

いまでは、俺がチームを応援する方法はスタンドから声援を送るだけじゃない。自

WELCOME TO DODGER STADIUM

分の店の最高のメニューを使って、ひいきチームとその
ファンの腹を満たしているんだ。ドジャースがワール
ド・シリーズに出場したときは、野球ボールの形をした
ドジャース・ドーナツをメニューに載せたし、ラムズが
スーパーボウルに出たときには、チームカラーの色がつ
いたフットボール形のラムズ・ドーナツを提供した。ド
ジャースやラムズがトレーニング・キャンプに入るとき
には、『トレホズ・タコス』のタコス・トラックを出して、
チームのみんなに食べてもらっている。実際の話、ラム
ズのメンバーほどタコスをばかすか食う奴らには、これ
までお目にかかったことがない！

　2019年のスーパーボウルでラムズがペイトリオッツと
対戦したときには、『トレホズ・タコス』はアトランタの
スタジアムの外にタコス・トラックを駐め、並んだ人全
員にタダでタコスを配った（そう、もちろんペイトリオッツの
ファンにもな）。俺もラムズのジャージを着てその場に立ち、
タコスを配りつつ、ファンと一緒に写真に収まった。ロ
スから来たファンが『トレホズ・タコス』のTシャツを着
ているのを人混みの中で見かけたとき、俺はいたく感動し
て、同時に心から誇らしく思ったよ。その人たちはロス
市民としてのプライドを示すために、うちのTシャツを着
てくれているように思えたんだ。

　スーパーボウルの会場にいると、60年前に感じたのと
同じ、とてつもないエネルギーに包まれるのを感じた。
おやじがまだ子どもだった俺に、ジャージとヘル
メットを買ってくれたことを思い出す。ノーム・
ヴァン・ブロックリンがつけていた11番のジャー
ジを着た俺は、得意満面だった。いまの

俺がこうしてラムズを応援している姿を見たら、おやじ
はさぞかしびっくりするだろう！　と思う。

　アトランタのスーパーボウルに乗っていった『トレホ
ズ・タコス』のタコス・トラックには、「Feel the Love（愛よ
届け）」と書いてあった。結局なによりも大切なのは、その
思いなんだ。去年、刑務所から出てきたばかりの従兄弟
を、ドジャースの試合に連れていった。なにせ38年の刑
期を務めあげたんだ、ぐっとくるものがあったに違いな
いが、彼は涙を見せないようこらえていた。そして俺の
顔を見ると、こう言ったんだ。「信じられん。俺はあのド
ジャー・スタジアムにいるんだ」。

　スポーツはあらゆることを忘れさせてくれる。過去の
つらい思い出も、いま直面している問題も。コロシアム
にすわってラムズの応援に声をからしているとき、ド
ジャー・スタジアムで会場全体を包むものすごいエネル
ギーに身を任せているとき、俺たちの頭の中にはその瞬
間のことしかない。それは子どもの頃にも極上の体験
だったし、大人になったいまではいっそうすばらしい体
験だと言える。なぜならいまの俺は、スポーツを通して、
愛するチームだけでなく自分の友人や家族までもサポー
トできることを知っているからだ。だから、待っていて
くれ。来年ラムズがトレーニング・キャンプに入ったら、
必ずまたうちのタコスをふるまいにタコス・トラックで
駆けつけるからな。

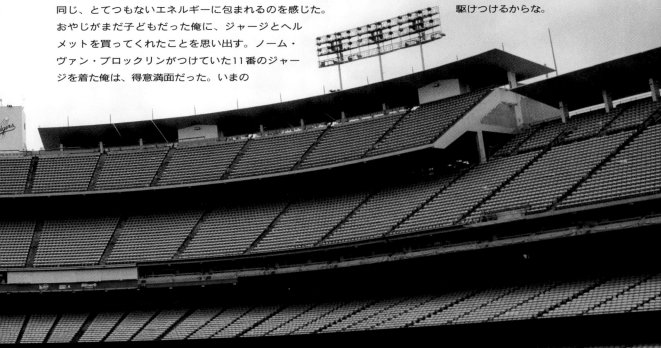

Donuts

& Desserts

ロサンゼルスを車で走りながら、店の立ち並ぶ通りを見ていくと、ここで目につく三大フード・チェーンはタコスとバーガーとドーナツだと気づくはずだ。ロスだけでドーナツを売る店は700店舗ほどもある。おそらくニューヨークの3倍にはなるだろう。この世界一のドーナツ・タウンの一角を『トレホズ・コーヒー＆ドーナツ』が担っていることを、俺は大いに誇りに思っている。

　700店もあるドーナツ・ショップの中で目立つためには、なにか変わったことをする必要がある。ハリウッドのハイランド通りとサンタ・モニカ大通りの角に店を出したとき、そこは以前『ドーナツ・タイム』の店があったところで、うちも昔のようなでかい作りもののドーナツを屋根に載せようかと一瞬考えた。だが最近は、レストランの屋根の上にでかい食べ物を載せるのが流行った1950年代とは時代が違って、規制が厳しい。そこで思いついたのが、文字どおり派手なアイディアだ。ドーナツ・ショップの壁面をどピンクで塗るんだ。そこに、グラフィティ・アーティストのマン・ワンに3メートルにも及ぶ俺の顔を描いてもらった。それまで、ピンクなんて俺とはなんの縁もゆかりもない色だったが、いまじゃすっかりなじんで、いわば俺のトレードマークになった。

　ロサンゼルスでドーナツを買うと、たいていピンク色の箱に入ってくるのを知っている人も多いと思う。ロスで受け継がれてきた多くの伝統と同じように、その理由にも移民が大きく関わっている。昔テッド・ノイというカンボジア移民の男が、『ウィンチェル・ドーナツ』の経営トレーニング・プログラムを学んで、自分のドーナツ店を立ちあげた。それが大成功を収めて、ロサンゼルス中に店を出すことになる。

　たくさんのカンボジア移民を雇って彼の店は繁盛を続け、やがてロスのドーナツ・ショップの80パーセントを傘下に収めるまでになった。以前はドーナツは白い箱に入ってくることが多かったが、ピンクの箱のほうが安いので、彼の店ではそっちを使うようになったらしい。そしていつのまにかロサンゼルス中のドーナツ・ショップで、ピンクの箱を使うのが普通になった。

　カンボジア移民の男のおかげで、メキシコ移民のタフガイのトレードマークがピンク色になったなんて、誰も思いも寄らない話だろう？　だが、そういう逸話を生みだすロスという街が、俺はほんとうに大好きなんだ。礼を言うよ、ミスター・ノイ。

　素材を好きなようにアレンジできるという点で、ドーナツはタコスに少し似ているかもしれない。ロス生まれの韓国系シェフ、ロイ・チョイがプルコギとキムチをトルティーヤに入れて有名になったり、うちのシェフがファラフェルとチキン・ティッカ・マサラをタコスに入れてヒットしたりするなら、トウガラシやチーズやホットソースをドーナツに入れたり、テキーラとライムと塩で味つけしたマルガリータ風味の砂糖をドーナツにまぶしたりして何が悪い？　タコスもドーナツも要は同じ。ルールなんてない。うまけりゃいいんだ。

ドーナツ・ショップの調理チームは、いわばアーティストだ。彼らは絵の具の代わりに砂糖を使って、毎日オリジナルのスペシャル・ドーナツを作りだしている。そのテーマは季節や祝日にちなんだものだったり、プレイオフのようなスポーツ・イベントだったりする（うちでは過去にドジャーズ、ラムズ、レイカーズを応援するドーナツを出したことがある）。秋には昔風のパンプキン・スパイス味のドーナツ、バレンタインデーにはハート形のドーナツ、冬にはパッションフルーツのグレーズ・ドーナツ（砂糖の衣をかけたドーナツ）、ときには気分で、チョコレート・グレーズとバタークリーム・アイシングがけモルトミルク・クリーム入りドーナツなんてのも店に並んだりする。それに、ヴィーガン用のドーナツもある。ヴィーガンの人たちにも、ふらっと立ち寄って、いろんなドーナツを買っていってもらいたいからな。

刑務所から出てきたとき、最初に口にした食べ物は、タコスではなくクッキーだった。初めて刑務所に入れられて4年半の刑期を務めたあと帰ってきた俺を、おやじとおふくろは喜んで迎え入れたわけではかった。俺が捕まったのは違法薬物取引のせいで、要は麻薬を売ってたんだ（そのころから俺は「白い粉」に縁があったってことだ！）。出所した俺が家を訪ねると、一応中に入れてくれはしたものの、2人とも俺を見ようとはしなかったし、話しかけてもくれなかった。おやじは黙って新聞を読み、おふくろは台所へ入っていった。俺も黙って自分の部屋へ行ってすわっていた。部屋は前と何ひとつ変わっていなかった。そこへ、ふんわりいい匂いが漂ってきた。この4年間、一度もかぐことのなかった匂いだ。大体想像がつくと思うが、刑務所にはいろんな臭いが染みついていて、しかもいい匂いなどほぼ皆無に近い。だがそのとき漂ってきたのは、甘いバターの香りだった。おふくろがクッキーを焼いていたんだ。シュガー・クッキーだった。その匂いをかいだとき、ああ大丈夫、きっとこの先何もかもうまくいく、そんな気がした。

TREJO'S DONUTS

トレホズ・ドーナツ

ドーナツ作りはまる2日間の愛と労力を必要とする、ガチで大変な作業だ。だがその代償として得られるご褒美は大きい。世の中にドーナツほど完璧な食べ物はないからだ。だが、その完璧なうまさは長持ちしない。揚げて4時間も経つと、魔法は消えてしまう。だからロスのドーナツ・ショップでは、1日の終わりに売れ残ったドーナツを半額で投げ売りするんだ。正直言って、ドーナツは揚げたてホヤホヤに味わうのが一番うまい。このレシピはイースト菌で発酵させた基本のドーナツのものだが、もちろんシンプルにうまいし、マルガリータ・ドーナツやアブエリータ・ドーナツ、ローライダー・ドーナツ（187〜190ページ）を作るための下敷きにもなっている。

直径約8センチ［3インチ］のドーナツ＋ドーナツの穴24個分

- ▶ **バターミルク**：½ カップ
- ▶ **アクティブ・ドライ・イースト**［予備発酵が必要なイースト］：小さじ2¼
- ▶ **中力粉**：ふるったもの4カップ＋打ち粉用少々
- ▶ **砂糖**：½ カップ弱
- ▶ **コーシャー・ソルト**：小さじ2
- ▶ **無塩バター**：大さじ8（約113グラム）、室温に戻す

- ▶ **全脂サワークリーム**：¾ カップ弱
- ▶ **卵**：Lサイズ3個、溶いておく
- ▶ **バニラ・エクストラクト**［本物のバニラから抽出した香料、合成物のバニラ・エッセンスより高級］：小さじ1
- ▶ **植物油**：8カップ

ドー（生地）を作る ○ 小さめのソースパンにバターミルクを入れて弱火にかけ、40℃（110F）ぐらいに温める。温まったら鍋を火からおろし、イーストを振りいれて混ぜる。とろみが出るまで、10分ほどおく。

○ その間に、中力粉、砂糖、塩、バター、サワークリーム、卵、バニラ・エクストラクトをスタンドミキサーのボウルに入れる。

○ この粉を入れたボウルにとろみが出たバターミルクを加え、ヘラ状のアタッチメントを使って低速で中身を混ぜる。20秒ぐらいごとにミキサーを止めて、ボウルの側面についた生地をこそげ落とし、生地がばだって乾いた材料が見えなくなるまで1〜2分回す。ミキサーのスピードを中速に上げ、生地がよく混ざりあってなめらかになるまで、2分ほど回す。ヘラ状のアタッチメントを外してミキシング用アタッチメントを取りつけ、低めの中速で、生地がなめらかになってよく伸びるようになるまで5分ほど回す。

ドー（生地）を発酵させる ○ 大きめのボウルにノンスティック・クッキングスプレー［こびりつきを防ぐ油のスプレー］を吹きつける（または油少々を塗る）。混ぜた生地をボウルに移し、ラップを生地の表面にぴったりかける（こうすることで、生地の表面が乾燥するのを防ぐ）。風の通らない場所にボウルをおき、生地が2倍の大きさにふくらむまで、室温で2時間ほど発酵させる。

○ 天板にクッキングシートを敷き、クッキングスプレーを軽く吹きつける。生地を天板に移したら、生地を天板ごとラップでぴったり包み、冷蔵庫に一晩おく。

○ 一晩おいた生地を冷蔵庫から出して、ラップをとる。軽く打ち粉をした作業台に生地を移し、

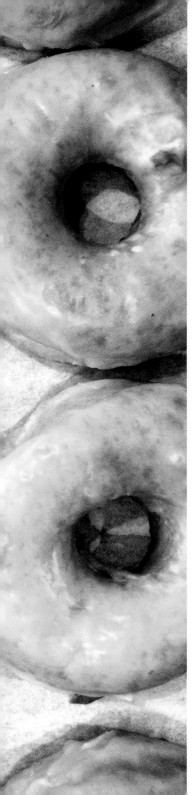

のし棒にも打ち粉をして、厚さ1.5センチ（½インチ）ほどに延ばす。そのまま10分ほどおく。

◦その間に、天板2枚にクッキングシートを敷き、たっぷり打ち粉をふっておく。

◦直径約8センチ（3インチ）のドーナツ・カッターを使って、なるべく生地の余りが出ないようにドーナツを抜く。真ん中の穴が抜けるドーナツ・カッターがなければ、直径約2.5センチ（1インチ）のクッキー型を使って、真ん中の穴を抜いていく。大きいほうのドーナツと小さく抜いたドーナツ穴を、それぞれ5、6センチ（数インチ）ずつ離して天板に並べる。風の通らない暖かい場所に置いて、ひとまわりほど大きくなるまで1時間ほど発酵させる。

ドーナツを揚げる　ディープフライヤーを使う場合は、器具の指示にしたがい油を約180℃（350F）に熱する（その代わりに、重みのある大きな深鍋に調理用温度計を入れて温度を測ってもいい。ただし温度計の先が鍋にふれないよう注意すること。鍋に油を入れて、弱めの中火で180℃（350F）になるまでゆっくり熱する）。油が180℃（350F）に達したら、できるだけその温度をキープしよう。熱くなりすぎたら、火を弱めるか、一旦火を止めて温度を調節する。

◦ドーナツをそっと油に入れる。一度に入れる数は3個まで（入れすぎると、油の温度が下がってドーナツが油を吸いすぎ、油っこい残念なドーナツができてしまう）。片面1分揚げたら網じゃくしでそっとひっくり返し、反対側も1分、こんがりいい色がつくまで揚げる。揚がったら網じゃくしですくってワイヤーラックの上に移し、油を切る。必要ならまた油が180℃（350F）になるまで熱し、次のドーナツを入れる。これを全部のドーナツが揚がるまで繰りかえす。

◦ドーナツの穴も同じように揚げる。こちらは一度に鍋に入れる量は8個までにし、同じようにこんがりいい色がつくまで両面揚げる。少しサイズが小さいので、揚げる時間も少なめでいいことに注意。揚がったら網じゃくしですくい、ワイヤーラックの上において油を切る。できればすぐに食べるのがいいが、遅くても4時間以内に食べるようにしよう。

MARGARITA DONUTS
マルガリータ・ドーナツ

俺はどんな形にせよ、アルコールは一切とらないと決めている。だからこのドーナツも食べないが、みんなからこいつは最高だと褒められる。うちの基本のイースト・ドーナツに、テキーラ・ライム風味のグレーズをかけたものだ。うまくないわけがない。

ドーナツ＋ドーナツの穴24個分

▶ トレホズ・ドーナツ（183ページ）：レシピ1回分、ワイヤーラックに載った揚げたてのもの

［テキーラ・キーライム・グレーズ用］
▶ 粉砂糖：3カップ
▶ 搾りたてのキーライム（メキシカン・ライム：小さめで苦味が少ない）または タヒチライム（ペルシャ・ライム：大きめ）の搾り汁：大さじ5

▶ テキーラ・ブランコ：大さじ2
▶ ライルズ・ゴールデン・シロップ（トレホのアドバイス参照）またはライト・コーンシロップまたはハチミツ：小さじ1½
▶ マルドン・ソルト：飾り用
▶ ライムの皮：2個分、すりおろす

○ 大きめのボウルに粉砂糖をふるい入れる。小さめのボウルにライム汁、テキーラ、ゴールデン・シロップを入れて混ぜたら、ふるった粉砂糖に加え、なめらかになるまで混ぜる。
○ ゴムのスパチュラを使って、グレーズ（砂糖の衣）をドーナツの上半分に垂らし、その上からマルドン・ソルトとライムの皮を散らす。5分ほどグレーズが落ち着くのを待ったら、できるだけ早く食べる。遅くても4時間以内に食べること（182ページのトレホのアドバイス参照）。

トレホのアドバイス

ライルズ・ゴールデン・シロップ

サトウキビの精製過程からできる天然甘味料のゴールデン・シロップは、製菓職人の秘密兵器だ。ドーナツのグレーズに、なめらかな質感と複雑な甘さを加えてくれる。なかでも最高品質を誇るのはライルズ・ゴールデン・シロップで、もともとはイギリス生まれだが、いまはアメリカとカナダ全土のスーパーで手に入る［日本でもインターネット等で入手可能］。手に入りづらければ、ライト・コーンシロップやハチミツを代わりに使ってもいい。

THE ABUELITA

ジ・アブエリータ［おばあちゃんのチョコドーナツ］

クリーミーなチョコグレーズと、サクサクのチョコトッピングという2種類のチョコレートで飾られたぜいたくなドーナツ。これもうちの店で1、2の売れゆきを誇る、人気の高いドーナツだ。

■ ドーナツ＋ドーナツの穴24個分

- ► トレホズ・ドーナツ（183ページ）：レシピ1回分、ワイヤーラックに載った揚げたてのもの

［チョコレート・クランブル・トッピング用］
- ► 粉砂糖：½カップ
- ► 中力粉：⅓カップ
- ► 無糖ダッチココアパウダー（アルカリ処理を施した製菓用のもの、うちの店ではヴァローナ社のものを使っている）：⅓カップ
- ► コーシャー・ソルト：小さじ¼
- ► 無塩バター：大さじ10（約141グラム）、約1.5センチ（½インチ）角に刻んでおく

［ダーク・チョコレート・グレーズ用］
- ► 粉砂糖：4カップ
- ► ヘビークリーム［乳脂肪分が40パーセントほどの濃厚な生クリーム］：1½カップ
- ► ライルズ・ゴールデン・シロップ（187ページのトレホのアドバイス参照）またはライト・コーンシロップまたはハチミツ：小さじ1½
- ► バニラ・エクストラクト：小さじ¼
- ► カカオ70パーセントのビタースイート・チョコレート（うちの店ではヴァローナ社のグアナラ70パーセントを使っている）：約130グラム（4½オンス）（約½カップ）、刻んでおく

トッピングを作る ○ オーブンを160℃（325F）に予熱しておく。
○ 粉砂糖、中力粉、ココアパウダー、塩をフードプロセッサーの容器に入れ、混ぜあわせる。そこへ刻んだバターを加え、きめの細かいそぼろ状になるまでよく混ぜる（バターのかたまりがなくなる程度まで、ただし混ぜすぎに注意）。混ぜたものをクッキングシートを敷いた天板全体に均等に広げ、こんがり色づくまで15分ほどオーブンで焼く。焼けたらオーブンから取りだして、完全に冷めるまでおいておく。冷めるにつれて、サクサク感が増す。

グレーズを作る ○ 大きめのボウルに粉砂糖をふるい入れる。中サイズのボウルに生クリーム、ゴールデン・シロップ、バニラ・エクストラクトを入れて混ぜたら、ふるった粉砂糖に加え、なめらかになるまで混ぜる。
○ 刻んだチョコレートを耐熱ボウルに入れて、30秒ずつ電子レンジにかけて混ぜ、完全に溶けてなめらかになるまで繰りかえす。溶かしたチョコレートを先ほど混ぜた砂糖とクリームの中に加え、よくなじむまで混ぜる（全体がもったりするまで）。できたら室温においておく。

ドーナツを飾る ○ ゴムのスパチュラを使って、グレーズ（砂糖の衣）をドーナツの上から垂らし、その上からチョコレート・クランブル・トッピングを散らす。5分ほどグレーズが落ち着くのを待ったら、できるだけ早く食べる。遅くても4時間以内に食べること（182ページ参照）。

THE LOWRIDER
[RAISED DONUTS WITH CINNAMON SUGAR]

ザ・ローライダー［シナモンシュガーつき発酵ドーナツ］

このシナモンシュガーがかかったドーナツも、じつにうまくて、飛ぶように売れる人気のドーナツの1つだ。

ドーナツ＋ドーナツの穴24個分

▶**トレホズ・ドーナツ**（183ページ）**レシピ1回分**：ワイヤーラックに載った揚げたてのもの

［シナモンシュガー・トッピング用］
▶**砂糖**：1カップ
▶**シナモン・パウダー**：小さじ1
▶**ファイン・シーソルト**［粒の細かいもの］：小さじ ½

○小さめのボウルに、砂糖、シナモン、シーソルトを混ぜておく。ドーナツを油から上げて1分したら、混ぜたシナモンシュガーをたっぷりとふる（ドーナツが熱いうちのほうがシナモンシュガーがくっつきやすい）。できればすぐに食べるのがいいが、遅くても4時間以内に食べるようにしよう（182ページのトレホのアドバイス参照）。

NACHO DONUTS

ナチョ・ドーナツ

うちのナチョ・ドーナツを食べたことのない人は、この世が始まって以来最大の朝食における新発明を見逃していることになる。ナチョ・ドーナツは、ドーナツだが、ナチョスでもある。1つの食べ物の中に、両方が詰まっているんだ。甘すぎず、辛すぎもせず、とにかくうまいの一言だ。

ドーナツ＋ドーナツの穴24個分

- ▶ **バターミルク**：½ カップ
- ▶ **アクティブ・ドライ・イースト**：小さじ2¼
- ▶ **中力粉**：ふるったもの4カップ＋打ち粉用少々
- ▶ **砂糖**：⅓カップ
- ▶ **コーシャー・ソルト**：小さじ2
- ▶ **無塩バター**：大さじ8（約113グラム）、室温に戻す
- ▶ **サワークリーム**：¾ カップ弱
- ▶ **卵**：Lサイズ3個、溶いておく

- ▶ **チェダーチーズ**：おろしたもの ¾ カップ＋飾り用に ¾ カップ
- ▶ **ホットソース**：トレホズ・ソース、タパティオ・ソース、チョルーラ・ソースなど、大さじ1
- ▶ **ロースト・ポブラノ・ペッパー**：みじん切りにしたもの ½ カップ（作り方は168ページのマッシュポテトのレシピ参照）
- ▶ **新鮮なチャイブ**［アサツキに似たハーブ］：大さじ2
- ▶ **植物油**：8カップ

ドー（生地）を作る ◦ 小さめのソースパンにバターミルクを入れて弱火にかけ、40℃（110F）ぐらいに温める。温まったら鍋を火からおろし、イーストを振りいれて混ぜる。とろみが出るまで、10分ほどおく。

◦ その間に、中力粉、砂糖、塩、バター、サワークリーム、卵、チーズ ¾ カップ、ホットソースをスタンドミキサーのボウルに入れる。

◦ この粉を入れたボウルにとろみが出たバターミルクを加え、ヘラ状のアタッチメントを使って低速で中身を混ぜる。20秒ぐらいごとにミキサーを止めて、ボウルの側面についた生地をこそげ落とし、生地がけばだって乾いた材料が見えなくなるまで1〜2分回す。ミキサーのスピードを中速に上げ、生地がよく混ざりあってなめらかになるまで、2分ほど回す。さらにみじん切りにしたポブラノ・ペッパーとチャイブを加えて、よくなじむまで1分ほど混ぜる。ヘラ状のアタッチメントを外してミキシング用アタッチメントを取りつけ、低めの中速で、生地がなめらかになってよく伸びるようになるまで5分ほど回す。

ドー（生地）を発酵させる ◦ 大きめのボウルにノンスティック・クッキングスプレーを吹きつける（または油少々を塗る）。混ぜた生地をボウルに移し、ラップを生地の表面にぴったりかける（こうすることで、生地の表面が乾燥するのを防ぐ）。風の通らない場所にボウルをおき、生地が2倍の大きさにふくらむまで、室温で2時間ほど発酵させる。

◦ 天板にクッキングシートを敷き、クッキングスプレーを軽く吹きつける。生地を天板に移したら、生地を天板ごとラップでぴったり包み、冷蔵庫に一晩おく。

◦ 一晩置いた生地を冷蔵庫から出して、ラップをとる。軽く打ち粉をした作業台に生地を移し、のし棒にも打ち粉をして、厚さ1.5センチ（½インチ）ほどに延ばす。そのまま10分ほどおく。

◦ その間に、天板2枚にクッキングシートを敷き、たっぷり打ち粉をふっておく。

○ 直径約8センチ（3インチ）のドーナツ・カッターを使って、なるべく生地の余りが出ないようにドーナツを抜く。真ん中の穴が抜けるドーナツ・カッターがなければ、直径約2.5センチ（1インチ）のクッキー型を使って、真ん中の穴を抜いていく。大きいほうのドーナツと小さく抜いたドーナツ穴を、それぞれ5、6センチ（数インチ）ずつ離して天板に並べる。風の通らない暖かい場所に置いて、ひとまわりほど大きくなるまで1時間ほど発酵させる。

ドーナツを揚げる ○ ディープフライヤーを使う場合は、器具の指示にしたがい油を約180℃（350F）に熱する（その代わりに、重みのある大きな深鍋に調理用温度計を入れて温度を測ってもいい。ただし温度計の先が鍋にふれないよう注意すること。鍋に油を入れて、弱めの中火で180℃（350F）になるまでゆっくり熱する）。油が180℃（350F）に達したら、できるだけその温度をキープしよう。熱くなりすぎたら、火を弱めるか、一旦火を止めて温度を調節する。

○ ドーナツをそっと油に入れる。一度に入れる数は3個まで（入れすぎると、油の温度が下がってドーナツが油を吸いすぎ、油っこい残念なドーナツができてしまう）。片面1分揚げたら網じゃくしでそっとひっくり返し、反対側も1分、こんがりといい色がつくまで揚げる。揚がったら網じゃくしですくってワイヤーラックの上に移し、油を切る。まだドーナツが熱いうちに、残りのすりおろしたチーズをふりかける。

○ 必要ならまた油が180℃（350F）になるまで熱し、次のドーナツを入れる。これを全部のドーナツが揚がるまで繰りかえし、揚がったら熱いうちにチーズをふりかける。

○ ドーナツの穴も同じように揚げる。こちらは一度に鍋に入れる量は8個までにし、同じようにこんがりいい色がつくまで両面揚げる。少しサイズが小さいので、揚げる時間も少なめでいいことに注意。揚がったら網じゃくしですくい、ワイヤーラックの上において油を切る。まだ熱いうちにチーズをふりかける。

○ できればすぐに食べるのがいいが、遅くても4時間以内に食べるようにしよう（182ページのトレホのアドバイス参照）。

VEGAN DONUTS

ヴィーガン・ドーナツ

このレシピはヴィーガン・ドーナツの一番基本になるもので、これがマスターできれば
ヴィーガン・ココ・ロコ・ドーナツやヴィーガン・ベリー・ドーナツ（197ページ）も楽勝
だ。乳製品と卵を使わないヴィーガン・ドーナツのレシピでは、よく熟れたバナナがふん
わりしたケーキのような食感をプラスしてくれる。シンプルに粉砂糖をふるだけでもいい
し、うちの店で出しているもののようにいろいろトッピングしてもいい。

ドーナツ＋ドーナツの穴24個分

- ▶ **植物性固型ショートニング**：¼ カップ
- ▶ **砂糖**：1カップ
- ▶ **バナナ**：熟したもの大サイズ1本、皮をむいてつ
  ぶす
- ▶ **中力粉**：ふるったもの4カップ＋打ち粉用少々
- ▶ **ベーキングパウダー**：小さじ1

- ▶ **塩**：小さじ1½
- ▶ **アーモンドミルク**：¾ カップ弱
- ▶ **リンゴ酢**：小さじ1
- ▶ **バニラ・エクストラクト**：小さじ1
- ▶ **植物油**：8カップ

ドー（生地）を作る ◦ ヘラ状のアタッチメントをつけたスタンドミキサーのボウルにショートニ
ングと砂糖を入れて、弱めの中速で生地が粗めのコーンミールのようにポロポロするまで、2分
ほど回す。そこにつぶしたバナナを加えて、弱めの中速で中身がよくなじむまで2分ほど混ぜる。
◦ 大きめのボウルに中力粉、ベーキングパウダー、塩を入れて混ぜる。次に中サイズのボウルに
アーモンドミルク、リンゴ酢、バニラ・エクストラクトを入れて混ぜる。中力粉ミックスとアー
モンドミルク・ミックスを、バナナ・ミックスに交互に加え、全体的になめらかになるまで3分
ほど混ぜる（ただし混ぜすぎないように）。打ち粉をした作業台に混ぜた生地を移し、厚さ約2セ
ンチ（¾インチ）に延ばす。
◦ 天板2枚にクッキングシートを敷き、たっぷり打ち粉をふっておく。
◦ 直径約8センチ（3インチ）のドーナツ・カッターを使って、なるべく生地の余りが出ないように
ドーナツを抜く。真ん中の穴が抜けるドーナツ・カッターがなければ、直径2.5センチ（1イン
チ）のクッキー型を使って、真ん中の穴を抜いていく。大きいほうのドーナツと小さく抜いた
ドーナツ穴を、それぞれ2.5センチ（1インチ）ほど離して天板に並べる。
ドーナツを揚げる ◦ ディープフライヤーを使う場合は、器具の指示にしたがい油を約180℃
（350F）に熱する（その代わりに、重みのある大きな深鍋に調理用温度計を入れて温度を測っても
いい。ただし温度計の先が鍋にふれないよう注意すること。鍋に油を入れて、弱めの中火で180℃
（350F）になるまでゆっくり熱する）。油が180℃（350F）に達したら、できるだけその温度をキー
プしよう。熱くなりすぎたら、火を弱めるか、一旦火を止めて温度を調節する。
◦ ドーナツをそっと油に入れる。一度に入れる数は3個まで（入れすぎると、油の温度が下がって
ドーナツが油を吸いすぎ、油っこい残念なドーナツができてしまう）。片面1分から2分ずつ、網
じゃくしでそっとひっくり返しながら、こんがりといい色がつくまで揚げる。揚がったら網じゃ
くしですくってワイヤーラックの上に移し、油を切る。必要ならまた油が180℃（350F）になるま
で熱し、次のドーナツを入れる。これを全部のドーナツが揚がるまで繰りかえす。

◦ ドーナツの穴も同じように揚げる。こちらは一度に鍋に入れる量は8個までにし、同じように こんがりいい色がつくまで両面揚げる。少しサイズが小さいので、揚げる時間も少なめでいいこ とに注意。揚がったら網じゃくしですくい、ワイヤーラックの上において油を切る。できればす ぐに食べるのがいいが、遅くても4時間以内に食べるようにしよう（182ページのトレホのアドバ イス参照）。

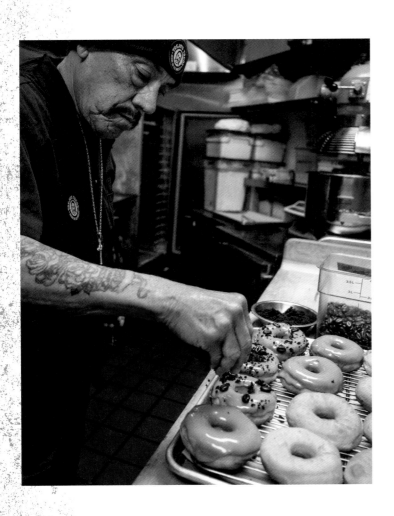

VEGAN BERRY DONUTS

ヴィーガン・ベリー・ドーナツ

食べ物は見た目も大事だとよく言うが、たしかにこのピンクのドーナツは見るからにうまそうだ。ブルーベリー・ジュースが手に入らなければ、グレープ・ジュースでもOKだ。

▧ **ドーナツ＋ドーナツの穴24個分**

▶**ヴィーガン・ドーナツ**（194ページ）：レシピ1回分、ワイヤーラックに載った揚げたてのもの

［ヴィーガン・ベリー・グレーズ用］
▶粉砂糖：4カップ
▶ライルズ・ゴールデン・シロップ（187ページのトレホのアドバイス参照）またはライト・コーンシロップまたはハチミツ：小さじ2
▶ベリー・ジャム（ミックスベリーまたはラズベリー）：½カップ
▶ブルーベリー・ジュース：¼カップ
▶無糖アーモンドミルク：¼カップ

▧ **グレーズを作る** ◦ 大きめのボウルに粉砂糖、ゴールデン・シロップ、ベリー・ジャム、ブルーベリー・ジュース、アーモンドミルクを入れ、なめらかになるまで混ぜる。

▧ **ドーナツを飾る** ◦ ゴムのスパチュラを使って、グレーズをドーナツの上半分に垂らし、5分ほどグレーズが落ち着くのを待つ。できればすぐに食べるのがいいが、遅くても4時間以内に食べるようにしよう（182ページのトレホのアドバイス参照）。

VEGAN COCO LOCO DONUTS

ヴィーガン・ココ・ロコ・ドーナツ

このヴィーガン・ドーナツでは、甘いココ・ロペス・グレーズと香ばしいココナッツ・トッピングの両方が味わえる。

▧ **ドーナツ＋ドーナツの穴24個分**

▶**ヴィーガン・ドーナツ**（194ページ）：レシピ1回分、ワイヤーラックに載った揚げたてのもの

［ココ・ロコ・グレーズ用］
▶粉砂糖：2½カップ
▶ココ・ロペス・ココナッツ・クリーム：½カップ弱（測る前によく混ぜること）
▶ライルズ・ゴールデン・シロップ（187ページのトレホのアドバイス参照）またはライト・コーンシロップまたはハチミツ：小さじ1½

［炒りココナッツ・トッピング用］
▶無糖ココナッツ：細切りにしたもの1½カップ

▧ **グレーズを作る** ◦ 大きめのボウルに粉砂糖、ココナッツ・クリーム、ゴールデン・シロップと水大さじ1½を入れ、なめらかになるまで混ぜる。

▧ **トッピングを作る** ◦ 大きめのスキレットにココナッツを入れ、よくかき混ぜながら、全体にこんがりと焼き色がつくまで弱めの中火で3分ほど炒る。大きめの皿にココナッツを移し、完全に冷ます。

▧ **ドーナツを飾る** ◦ ゴムのスパチュラを使って、グレーズをドーナツの上半分に垂らし、炒ったココナッツ・トッピングを散らして、5分ほどグレーズが落ち着くのを待つ。できればすぐに食べるのがいいが、遅くても4時間以内に食べるようにしよう（182ページのトレホのアドバイス参照）。

MEXICAN HOT CHOCOLATE COOKIES

メキシカン・ホット・チョコレート・クッキー

メキシコ名物のスパイシーなホット・チョコレートはからだを温め、元気をくれるすばらしい飲み物だが、それをチョコチップ・クッキーの形に仕立てたのがこのクッキーだ。基本的にはダブル・チョコチップ・クッキーのレシピだが、うちの店ではそれにカイエン・ペッパーの風味を加えたシナモンシュガーをまぶしている。言うなれば、昔ながらの「レッド・ホット」シナモンキャンディーのチョコレート・バージョンといったところだ。

クッキー24個分

[クッキー生地用]
- ▶ **中力粉**：2¼ カップ
- ▶ **無糖ダッチココアパウダー**（アルカリ処理を施した製菓用のもの、うちの店ではヴァローナ社のものを使っている）：½ カップ
- ▶ **クリームターター**［酒石酸水素カリウム、メレンゲの泡立ちをよくする添加物］：小さじ2
- ▶ **ベーキングソーダ**：小さじ1
- ▶ **コーシャー・ソルト**：小さじ ½
- ▶ **無塩バター**：1カップ（約226グラム）、室温に戻す

- ▶ **砂糖**：1½ カップ
- ▶ **卵**：Lサイズ2個
- ▶ **セミスイート・チョコレート・チップ**：カップ ½

[シナモン・チリ・シュガー用]
- ▶ **砂糖**：½ カップ
- ▶ **シナモン・パウダー**：大さじ2
- ▶ **カイエン・ペッパー**：小さじ ½

ドー（生地）を作る ◎ オーブンを約200℃（400F）に予熱しておく。

◎中サイズのボウルに目の細かい裏ごし器をセットし、中力粉、ココアパウダー、クリームターター、ベーキングソーダ、塩をふるい入れる。

◎ヘラ状のアタッチメントをつけたスタンドミキサーのボウルにバターと砂糖を入れて、弱めの中速でよく混ぜる。ミキサーのスピードを高速に上げ、必要ならボウルの側面についた生地をこそげ落としながら、生地がふんわりクリーミーになるまで1分ほど混ぜる。次にミキサーのスピードをまた弱めの中速に戻し、卵を1個ずつ加えたら、強めの中速でよく混ぜる。もう一度スピードを弱めの中速にして、先ほど混ぜておいた中力粉ミックスを少しずつ加え、粉の部分がなくなるまで混ぜる。スピードを低速に落とし、チョコチップをゆっくり加え、生地全体に均等に散らばるまで30秒ほど混ぜる。ボウルの側面と底についた生地をこそげ落とす。

シナモン・チリ・シュガーを作る ◎ 浅めのスープ皿またはディナー皿に、砂糖、シナモン、カイエン・ペッパーを入れて、全体がなじむまでよく混ぜておく。

クッキーを焼く ◎ 天板にクッキングシートを敷く。クッキー生地大さじ2をピンポン玉大のボール型に丸め、シナモン・チリ・シュガーの中に入れて転がす。残りの生地も全部同じように丸めて、シナモン・チリ・シュガーをまぶす。ボールをクッキングシートを敷いた天板の上に、間をそれぞれ8センチ（3インチ）ほどあけて並べる。クッキーが平らになって形が落ち着くまで12分ほど焼く。途中で一度天板の向きを逆にする。

◎オーブンから天板を取りだし、クッキーをワイヤーラックの上に移して、完全に冷ます。冷めたら密閉容器に入れれば、3日はもつ。

RICE PUDDING

ライス・プディング

このリッチでクリーミーでぜいたくなスイーツは、冷やして食べると格別にうまい。デザートとして完璧なだけでなく、甘くて栄養たっぷりで朝食にもぴったりだ。

5カップ分

- ▶ **アルボリオ米**［**イタリア原産の短粒米**］：1½カップ
- ▶ **全乳**：8カップ
- ▶ **砂糖**：½カップ
- ▶ **シナモン・パウダー**：小さじ¼ ＋飾り用少々
- ▶ **コーシャー・ソルト**：小さじ¼
- ▶ **卵**：Lサイズ2個
- ▶ **ヘビークリーム**［**乳脂肪分が40パーセントほどの濃厚な生クリーム**］：
  ½カップ
- ▶ **バニラ・エクストラクト**：小さじ1
- ▶ **ナツメグ**：おろしたてのもの小さじ½

◦大きめの鍋に、米、牛乳、砂糖、シナモン、塩を入れて中火にかけ、つねにかき混ぜながら泡がたくさん立ちはじめるまで熱する。泡が立ったら弱めの中火にし、かき混ぜつづけながら、中身がクリームより少しもったりするまで30〜45分煮る。
◦その間に、小さめのボウルに卵とクリームを入れて混ぜる。
◦米が煮上がったら、鍋に卵とクリーム・ミックスを流し入れ、もう少しもったりするまで3分ほどかき混ぜる。鍋を火から下ろし、バニラとナツメグを加える。室温まで冷ましたら、飾り用のシナモンをふりかけて出す。または密閉容器に移し、冷蔵庫で冷やしてから出してもいい。冷蔵庫で保存すれば、3日はもつ。

CHURROS

チュロス

チュロスはサクサクだが柔らかくて、筋のついたドーナツのようなメキシコ生まれの最高のスイーツだ。チュロスが嫌いなヤツは、人間じゃない。悪いが、それは真実だ（グルテン・アレルギーだとしても、それは言い訳にはならんぞ。いまは小麦粉の代わりに、グルテンフリーの粉だってあるんだからな！）。チュロスには、デザートのいいところが全部詰まっている。シナモン風味にサクサクの食感、パンケーキの口当たり、塩味、甘み、揚げ物の旨味、さらには手で持って食べられる。

　たしかに、チュロスを揚げるのは大仕事だ。だがやってみるだけの価値はある。なんたって、自分の家で揚げたての手作りチュロスを食べられるんだからな！　ここでチュロス作りを成功させる裏技を1つ。揚げる1週間ほど前に生地を作り、クッキングシートを敷いた天板にチュロスを絞りだしたら、そのまま冷凍しておくんだ。そうすれば、食べる直前にそれを出してきて、揚げてシナモンシュガーをまぶすだけでいい。その準備をしておくだけで、パーティー当日にはヒーローになれる。

長さ約13センチ［5インチ］のチュロス20本分

- ▶ **無塩バター**：1カップ（約226グラム）
- ▶ **砂糖**：1カップ
- ▶ **コーシャー・ソルト**：小さじ2
- ▶ **中力粉**：2カップ
- ▶ **バニラ・エクストラクト**：小さじ2
- ▶ **卵**：Lサイズ6個
- ▶ **キャノーラ油**：4カップ
- ▶ **シナモン・パウダー**：大さじ2

チュロス生地を作る ◎ 中サイズの鍋にバター、砂糖½カップ、塩、水2カップを入れて中火にかけて沸騰させ、バターと砂糖が全部溶けるまでよくかき混ぜる。鍋を火から下ろし、中身が料理用温度計で測って50℃（125F）以下に下がるまで冷ます（あとで卵を入れたときに、スクランブルエッグにならない程度まで冷ますこと）。

◎粗熱がとれたら、中力粉を全部一度に加え、木ベラでゆるい生地にまとまるまでしっかり混ぜる。

◎生地がまとまったら、スタンドミキサーのボウルに移す。ヘラ状のアタッチメントをつけて弱めの中速で2〜3秒回し、生地の熱をとる。バニラを加え、次に卵2個を一度に入れて、入れるたびにゴムのスパチュラでボウルの側面についた生地をこそげ落とす。卵が完全になじみ、生地がなめらかになってよく伸びるようになるまでミキサーを回す。できたら、生地を#828［ATECO製がインターネットで入手可能、8切直径13ミリのもの］の星形の口金をつけた大きめの絞り袋に入れる。

チュロスを揚げる ◦ 天板にワイヤーラックを載せておく、または天板にペーパータオルを二重に敷いておく。

◦大きな深鍋またはディープフライヤーに、キャノーラ油を入れて185℃（365F）度に熱する。油が185℃（365F）に達したら、絞り袋を油の5、6センチ（数インチ）上に持ち、袋をまっすぐ動かしながら約13センチ（5インチ）の長さの生地を直接油の中に落とす（生地を切るときは指かナイフの先を使う）。一度に2、3本ずつ入れ（入れすぎないよう注意）、こんがりといい色がつくまで、片側につき1分ずつほど揚げる。揚がったら、網じゃくしを使って用意した天板の上に置く。生地が全部なくなるまで繰りかえす。

◦残りの砂糖½カップとシナモンを小さめの紙袋に入れ、よくふり混ぜる。揚げたてのチュロスを袋に入れ、軽くふってシナモンシュガー・ミックスを全体にまんべんなくまぶす（熱いうちのほうがシナモンシュガーをまぶしやすい）。できたら袋から出して皿に移し、残りのチュロスにも同じようにまぶす。

◦チュロスはとにかく揚げたてが最高だ。遅くても揚げてから1時間以内には食べること。

Margaritas & Other Drinks

マルガリータと飲み物

ロスにあるメキシコ料理レストランではたいてい、でかいプラスチックのピッチャーに入ったド派手な色のアグアス・フレスカ（訳注：フルーツ入りの甘いドリンク）を置いている。定番はスイカにライム、オレンジ、ジャマイカ（ハイビスカス）。子どもにとっては、砂糖のたっぷり入った、虹色の夢のようなドリンクだ。粉末の素を使っているレストランも多く、そういうのはクールエイド［アメリカで一番メジャーな粉末ジュース］とたいして変わらないが、うちの店では搾りたての果汁とサトウキビ糖から作っている。

『トレホズ・タコス』では、オルチャータ［米と砂糖・スパイスから作る飲料］も同じように手作りしている。メキシコ人の家にはそれぞれ好みのオルチャータのレシピがあり、どれくらいシナモンを入れるか、どれくらいの濃さと甘さにするか、みんな自分なりのこだわりがある。

正確に言えば、オルチャータには緑茶やコンブチャのように健康に役立つ効能はないが、うちの店では甘みをつけるのにデーツ（パームスプリングス近辺の砂漠でとれる）を使うことで、少しばかり健康にいいドリンクに変身させた。コーンシロップや白砂糖を使うより多少は体にいいし、おまけに信じられないほどリッチな風味が加わるんだ。店で出すためのレシピを調整しているとき、俺はその最初にできたレシピでバッチリだと思った。甘くてリッチで、シナモンの風味もたっぷりだ。

ところが、娘はちょっと軽すぎると言う。それでキッチンのシェフたちが考え出したアイディアが、米（伝統的な材料の1つ）の量を増やすことだ。その味をみて、俺は娘が正しかったことを知った。今ではうちの店で出すオルチャータは、ロス一番のうまさだと胸を張って言える。

アルコールを飲まなくなってもう50年以上経つが、コーヒーはたくさん飲む。だから『トレホズ・カンティーナ』と『トレホズ・ドーナツ』では、自家製ブレンドのコーヒーを出している。ロスの住民はみなコーヒーにうるさいが、俺のコーヒーの好みはムショにいるときに覚えたものだ。俺たちはよく、食堂からコーヒーの出し殻をくすねてきては、ペーパータオルをフィルターの形に丸めてカップに差し込んだものに詰め、そこに熱湯を注いで飲んでいた。それがムショ・ブレンドのコーヒーさ。

インスタント・コーヒーが手に入ったときは、水と粉を混ぜたカップに「スティンガー」を突っ込んで温める。「スティンガー」ってのはコンセントに差して使う棒状の電熱器で、それで湯を沸かすんだが、これが舌をやけどするくらい結構な熱さになる。俺が今でも熱々のコーヒーが好きなのは、このせいかもしれない。もちろん『トレホズ・ドーナツ』で出しているコーヒーは、ムショのコーヒーの1000倍もうまいことは言うまでもないが、店で出すコーヒーの品質チェックをするときに俺が一番気になるのはコーヒーの温度だ。昔ながらの習慣ってのは、いつまでも変わらないものなんだな。

『トレホズ・カンティーナ』は食事をする場所であると同時に、みんなが集まって飲む場所でもあるという位置づけだ。だから店の立地に合わせて、それぞれに趣向を凝らしたバーが必ず併設されている。ハリウッドのカンティーナなら、バーにはテレビといろんなゲーム（そう、各種取りそろえてある！）が備えつけてあり、いつまでも長居したくなること請けあいだ。パサデナのカンティーナは、歴史ある劇場『プレイハウス』と同じビルに入っていて、もう少し高級な雰囲気がある。劇場の出し物の開演前には、劇場に行く前に一杯ひっかけていこうというお客さんでつねにいっぱいだ。見知らぬ客どうしが、ショーの前にバーで飲み食いしているうちに、すっかり仲よしになる、なんて姿もよく見かける。この章でとりあげたのは、そういうバーでみんなで楽しく飲むためのドリンクだ。マルガリータだろうとオルチャータだろうと、わいわい楽しみながら味わってほしい。

CUCUMBER CILANTRO MARGARITA

キュウリとコリアンダーのマルガリータ

このマルガリータには、夏らしいアレンジが効かせてある。キュウリとコリアンダーを叩きつぶすことにより、さわやかな果汁と香り高いオイル成分をたっぷり抽出することができるんだ。このドリンクを作るときには、キュウリ2、3切れとコリアンダーの茎1切れをカクテルシェイカーに入れ、つぶしてからアルコールを加える。こういうカクテル専用のマドラー(すりつぶし棒)を買ってもいいが、なければ木製のスプーンを使ってつぶしてもいい。カクテルをシェイクするのは勢いよく4秒きっかり。これでドリンクがよく冷えてしっかり混ざるだけでなく、氷が少し溶けて中身が少しだけ薄まり、すべての味と香りのバランスがとれる。

マルガリータ1杯分

- ► **コーシャー・ソルト**:お好みで
- ► **キュウリ**:薄切り4切れ＋飾り用に厚さ約5ミリ(¼インチ)の薄切り1切れ
- ► **新鮮なコリアンダー**:茎2切れ
- ► **角氷**:½カップ
- ► **シルバー・テキーラ**:60ml(2オンス[¼カップ])
- ► **新鮮なライムの搾り汁**:30ml(1オンス[大さじ2])
- ► **アガベ・シロップ**:15ml(½オンス[大さじ1])
- ► **ボルス・トリプル・セック**[オレンジ風味のリキュール]:15ml(½オンス[大さじ1])

○ グラスの縁に塩をつけるには、まず浅いボウルに水を入れ、小皿に塩を円形に敷いておく。ロックグラスまたはマルガリータグラスの縁を水に浸してから、塩の上に置いてまぶしつける。
○ カクテルシェイカーの中にキュウリのスライス4切れとコリアンダーの茎1切れを入れ、キュウリの果汁が出切ってコリアンダーの香りが立つまでつぶす。角氷、テキーラ、ライム汁、アガベ・シロップ、トリプル・セックを加え、ふたをして勢いよく4秒シェイクする。中身を氷ごとグラスに注ぎ、飾り用のキュウリのスライスとコリアンダーの茎を添えて出す。

トレホのアドバイス

パーティー前の下準備

1杯か2杯のドリンクを作るならいいが、パーティーを開くとなると、下手をすると一晩中バーテンダー役をする羽目になりかねない。パーティーが大いに盛りあがっているときに、ドリンクを切らさずふるまいつづけるには、仕込みが絶対に必要だ。キュウリとコリアンダーのマルガリータやレッド・チリ・マルガリータを仕込んでおくことは難しいが、ここに紹介したほかのドリンクの中には、前もって大量に準備しておけるものがたくさんある。材料を望みの人数分に増やして、大きなボウルやピッチャーに混ぜておくだけ。氷もたくさん用意しておこう。飾りつけ用の素材もお忘れなく。パーティー・タイムになったら、グラスに氷を放り込み、ドリンクを注いで、飾りつけたら完成だ。

PINEAPPLE CINNAMON MARGARITA

HIBISCUS MARGARITA

RED CHILE MARGARITA

RED CHILE
MARGARITA

レッド・チリ・マルガリータ

このスパイシーなマルガリータにパンチの効いた風味を与えているのは、レッド・フレズノ・ペッパーだ。そして仕上げに、カットフルーツにタヒン・シーズニングをふってある。タヒン・シーズニングとは、ロスの街角のフルーツを売る屋台でよく見かける、ピリッと刺激的でしょっぱいスパイス・パウダーだ。フレズノ・ペッパーが手に入らなければ、ハラペーニョを使ってもいいが、そっちのほうがちょっとばかり辛味が強い。

マルガリータ1杯分

▶ **コーシャー・ソルト**：お好みで

▶ **フレズノ・ペッパー**：薄切り2、3切れ＋飾り用に1切れ

▶ **角氷**：½カップ

▶ **シルバー・テキーラ**：60ml（2オンス［¼カップ］）

▶ **新鮮なライムの搾り汁**：30ml（1オンス［大さじ2］）＋飾り用にライムの輪切り1枚

▶ **アガベ・シロップ**：15ml（½オンス［大さじ1］）

▶ **ボルス・トリプル・セック［オレンジ風味のリキュール］**：22.5ml（¾オンス［大さじ1½］）

▶ **タヒン・シーズニング**（104ページ参照）：少々

○グラスの縁に塩をつけるには、まず浅いボウルに水を入れ、小皿に塩を円形に敷いておく。ロックグラスまたはマルガリータグラスの縁を水に浸してから、塩の上に置いてまぶしつける。
○カクテルシェイカーの中にフレズノ・ペッパーのスライスを入れ、果汁が出るまでつぶす。角氷、テキーラ、ライム汁、アガベ・シロップ、トリプル・セックを加え、ふたをして勢いよく4秒シェイクする。中身を氷ごとグラスに注いで、タヒン・シーズニングをふり、飾り用のライムとフレズノのスライスを添えて出す。

トレホのアドバイス

もう少しハードな風味が好みなら、グラスの縁につける塩にタヒン・シーズニングを大さじ2混ぜるといい。

LAVENDER
MARGARITA

ラベンダー・マルガリータ

これはいかにもロサンゼルスっぽいマルガリータだ。ラベ
ンダーというと、南フランスなどのエキゾチックな場所を
思い浮かべる人もいるかもしれないが、じつはこのいい香
りを漂わせる花は、ロサンゼルスの人家の庭や公園に野生
でたくさん生い茂っている。そのラベンダーのフレーバー
を、ラベンダー・シロップとラベンダー・ビターズ[ラベ
ンダーから作るリキュール]でダブルにつけたのがこのカク
テルだ。ネットならラベンダー・シロップはトラーニのも
のが手に入りやすいし、ラベンダー・ビターズも各種そ
ろっている。最高にロスらしいマルガリータを望むなら、
グリーンバー・ディスティラリーのバーキープ・ラベン
ダー・ビターズを使うといい。このビターズはオーガニッ
クで、ロサンゼルス市内で作られている。

マルガリータ1杯分

▶ 角氷：½ カップ

▶ シルバー・テキーラ：60ml（2
オンス［¼ カップ］

▶ 新鮮なライムの搾り汁：30ml
（1オンス［大さじ2］）

▶ ラベンダー・シロップ：15ml
（½ オンス［大さじ1］）

▶ ボルス・トリプル・セック［オレ
ンジ風味のリキュール］：15ml
（½ オンス［大さじ1］）

▶ ラベンダー・ビターズ：3、4ふ
り

▶ 食用ラベンダーの芽：お好み
で

○ カクテルシェイカーの中に角氷、テキーラ、ライム汁、ラベ
ンダー・シロップ、トリプル・セック、ビターズを加え、ふた
をして勢いよく4秒シェイクする。中身を氷ごとロックグラス
に注ぎ、使う場合は飾り用のラベンダーの芽を添えて出す。

PINEAPPLE CINNAMON MARGARITA

パイナップル・シナモン・マルガリータ

甘くてちょっとピリッとするパイナップルと、からだを温めてくれるシナモンで味つけしたこのマルガリータは、まるでグラスの中にひろがるリゾート・ビーチのようだ。この、元気をくれるが予想を超えた風味をもたらしてくれるドリンクをノンアルコールで楽しみたい場合は、テキーラとトリプル・セックを除けばいい。

マルガリータ1杯分

- ▶角氷：½カップ
- ▶シルバー・テキーラ：60ml（2オンス［¼カップ］）
- ▶パイナップル・ジュース：15ml（½オンス［大さじ1］）
- ▶新鮮なライムの搾汁：15ml（½オンス［大さじ1］）
- ▶アガベ・シロップ：15ml（½オ

ンス［大さじ1］）
- ▶ボルス・トリプル・セック［オレンジ風味のリキュール］：15ml（½オンス［大さじ1］）
- ▶シナモン・パウダー：小さじ¼＋飾り用にもう少々
- ▶パイナップル：飾り用にくし切り1切れ

◦カクテルシェイカーの中に角氷、テキーラ、パイナップル・ジュース、ライム汁、アガベ・シロップ、トリプル・セック、シナモンを加え、ふたをして勢いよく4秒シェイクする。中身を氷ごとロックグラスに注いで、シナモン・パウダーを少々ふり、飾り用のパイナップルのくし切りを添えて出す。

LIME IN THE COCONUT MARGARITA

ライム＆ココナッツ・マルガリータ

ピニャ・コラーダが好きな人なら、この濃厚で甘いココナッツ・マルガリータがきっと気に入るはずだ。グラスの縁に塩をつける代わりに、このドリンクの場合は細切りココナッツを飾りつける。

マルガリータ1杯分

- ▶スイート・ココナッツ・シュレッド（細切りココナッツ）
- ▶角氷：½カップ
- ▶シルバー・テキーラ：60ml（2オンス［¼カップ］）
- ▶新鮮なライムの搾汁：22.5ml（¾オンス［大さじ1½］）＋飾り用にライムの輪切り1枚
- ▶ココ・ロペス・ココナッツ・クリーム：大さじ2
- ▶ボルス・トリプル・セック［オレンジ風味のリキュール］：15ml（½オンス［大さじ1］）

◦浅いボウルに水を入れ、小皿にココナッツ・シュレッドを円形に敷いておく。ロックグラスまたはマルガリータグラスの縁を水に浸してから、ココナッツの上に置いてまぶしつける。
◦カクテルシェイカーの中に角氷、テキーラ、ライム汁、ココナッツ・クリーム、トリプル・セックを加え、ふたをして勢いよく4秒シェイクする。中身を氷ごとグラスに注ぎ、飾り用のライムの輪切りを添えて出す。

HIBISCUS MARGARITA

ハイビスカス・マルガリータ

ハイビスカス（「フロール・デ・ジャマイカ」、つまりジャマイカの花とも呼ばれる）からは、うまいアグアス・フレスカだけでなく、ヤバいマルガリータも作れる。うちの店では自家製のハイビスカス・シロップを使い、ドリンクに本物のハイビスカスの花を飾ってオシャレな雰囲気を演出しているが、自分の家でもハイビスカスから作られたレッド・ジンガーなどのハーブティーのティーバッグを使って、シロップを作ることができる。大丈夫、自作のシロップだってうまいマルガリータができること間違いなしだ。

マルガリータ1杯分

▶ 角氷：½カップ

▶ シルバー・テキーラ：60ml（2オンス［¼カップ］）

▶ ハイビスカス・シロップ（同ページの囲み参照）：15ml（½オンス［大さじ1］）

▶ 新鮮なライムの搾り汁：15ml（½オンス［大さじ1］）

▶ アガベ・シロップ：15ml（½オンス［大さじ1］）

▶ ボルス・トリプル・セック［オレンジ風味のリキュール］：15ml（½オンス［大さじ1］）

▶ ハイビスカスの花またはライムの輪切り：飾り用（お好みで）

○ カクテルシェイカーの中に角氷、テキーラ、ハイビスカス・シロップ、ライム汁、アガベ・シロップ、トリプル・セックを加え、ふたをして勢いよく4秒シェイクする。中身を氷ごとロックグラスに注ぎ、使う場合は飾り用のハイビスカスの花かライムの輪切りを添えて出す。

MICHELADA

ミチェラーダ

ちょっと一杯やりたいが、あんまり飲みすぎたくはない、ってときは誰にでもあるもんだ。そうだろう？　そんなときにぴったりなのが、ミチェラーダだ。このドリンクは言ってみれば、低アルコールのメキシコ風ブラッディ・メアリーって感じだ。

ミチェラーダ4杯分

▶ トマトジュース：1½カップ

▶ ライムの搾り汁：⅓カップ（ライム3～4個分）＋ライムのくし切り1個（グラスの縁にこすりつけるもの）、ライムの輪切り4枚（飾り用）

▶ ウスターソース：小さじ2

▶ ホットソース：小さじ1½

▶ コーシャー・ソルト：大さじ2

▶ タヒン・シーズニング（104ページ参照）：大さじ2

▶ ライト・メキシカン・ビール：2瓶

▶ 挽きたての黒コショウ

○ ピッチャーにトマトジュース、ライムの搾り汁、ウスターソース、ホットソースを入れて混ぜる。

○ 小皿に塩とタヒン・シーズニングを混ぜて円形に敷いておく。グラスの縁にくし切りにしたライムをぐるっとこすりつけてから、塩とタヒン・ミックスの上に置いてまぶしつける。

○ グラスの半分まで氷を入れる。トマトジュース・ミックスをグラス4つに均等に分け入れる。その上からビールを注ぎ、静かに混ぜる。コショウをひとつまみずつ散らし、ライムの輪切りを飾って出す。

トレホの自家製ハイビスカス・シロップ

シロップの作りかたは2種類ある。乾燥したハイビスカスの花を使う（メキシカン・マーケットやアマゾンなどのネットで入手可能）方法と、レッド・ジンガーなどのハイビスカス・ベースのハーブティーを使う方法だ。

○ 中くらいのソースパンに、水1カップと砂糖1カップを入れて沸騰させたら、一旦火から下ろす。乾燥ハイビスカスの花1カップまたはハイビスカス・ティーバッグ4個を熱した砂糖水の中に入れ、10分間浸しておく。花の色が出たら、花びらを茶こしなどで取り除き（またはティーバッグを取り除き）、よく冷ます。冷蔵庫で保存すれば、1週間はもつ。

STRAWBERRY LEMONADE

ストロベリー・レモネード

こいつはバカバカしいほど簡単にできて、しかも缶入りのどんな炭酸飲料やジュースよりも100倍うまい。このドリンクを作るためだけに、わざわざ電動ジューサーを買いたくなるはずだ。

グラス約6杯分［1杯240ml（8オンス）］

▶ **新鮮なイチゴ**：450グラム（1ポンド）［約3カップ］、ヘタをとる

▶ **新鮮なレモンの搾り汁**：2カップ（レモン8〜10個分）

▶ **砂糖**：1カップ

▶ **ライム**：飾り用にスライス6枚（お好みで）

⊙ ミキサーにイチゴ、レモン汁、砂糖を入れて、なめらかになるまで混ぜる。目の細かいストレーナー［こし器］でこしながら大きめのピッチャーに注ぐ。水4カップを加え、なじむまで混ぜる。よく冷やしてから氷を入れた背の高いグラスに注ぎ、お好みで飾りつけにライムのスライスを飾る。

DATE-SWEETENED HORCHATA
デーツ入りオルチャータ

リッチで甘いシナモン風味のライス・ドリンク、オルチャータは、まるでグラスに入った飲むデザートだ。ふつう店やレストランで飲むオルチャータには、コーンシロップで甘みをつけてある。だがうちの店で使っているのは、砂漠でとれる甘いデーツの実だ。このドリンクは冷蔵庫に入れておくと分離するので、出す前によくかき混ぜること。仕込みは飲む1日前に始めよう。

グラス約10杯分［1杯240ml（8オンス）］

▶ **マジョール・デーツ**［カリフォルニア産のドライ・ナツメヤシの実］：680グラム（1½ポンド）［約4カップ分］、種をとっておく

▶ **バスマティ米**：450グラム（1ポンド）、洗って水を切っておく

▶ **砂糖**：½カップ

▶ **シナモン・スティック**：1本＋飾り用に少々（お好みで）

▶ **レモンの皮**：1個分、野菜用ピーラーでむいておく

▶ **カリフィア・バリスタ・ブレンド・アーモンド・ミルク**（無糖）：6カップ

○ 大きめのボウルにデーツを入れ、かぶるくらいの水を入れる。ラップをして室温で一晩おく。

○ 次の日になったら、別の大きめのボウルに米と湯4カップを入れ、室温で少なくとも2時間おく。

○ 浸しておいたデーツの水を捨て、深鍋に入れる。室温の水3カップ、砂糖、シナモン・スティック、レモンの皮を加えて、砂糖を溶かすようにかき混ぜながら熱する。沸騰したら鍋を火から下ろす。

○ 米を浸しておいた水ごとミキサーに入れ、なめらかになるまで混ぜる。混ぜたものを目の細かいこし器でこしながら大きめのボウルに注ぐと、ライス・ミルクになる。

○ デーツ・ミックスからシナモン・スティックとレモンの皮を取り除き、ミックスをミキサーに入れてなめらかになるまで混ぜる。混ぜたものをこし器を使ってこしながら、ライス・ミルクの入ったボウルに注ぐ。室温まで冷ましたら、アーモンド・ミルクを加え、なじむまでかき混ぜてから冷蔵庫で冷やす。

○ 氷を入れたグラスに冷やしたオルチャータを注ぎ、お好みでシナモン・スティックを添えて出す。冷蔵庫で保存すれば3日はもつ。

謝辞

なによりもまず、『トレホズ・タコス』の
パートナー、アッシュ・シャーとジェフ・
ジョルジーノに感謝を捧げたい。そして、
過去から現在にいたるまで、『トレホズ・
タコス』に関わってくれた家族のようなス
タッフにも、同じように感謝を捧げる。
ジョシュ・ローゼンスタイン、ダニエル・
マターン、メイソン・ロイヤル、マーク・
ヘンドリックス、ロクサーナ・ジャラパッ

ト、ジェシカ・ウォッシュバーン、きみた
ちのことだ。
　この本の出版を実現してくれたヒュー・
ガーヴェイ、エド・アンダーソン、リリア
ン・カンにも感謝を贈る。クラークソン・
ポッター社ではラクエル・ペルゼル、リ
リー・エルティシェック、ジェン・ワン、
ステファニー・ハントワーク、マーク・
マッコーズリン、ニック・パットン、ケ
リー・トコスのチームが一丸となって力を

貸してくれた。またイラストレーションを快く使わせてくれたエルネスト・イェレナとケン・ガルドゥーノにも感謝したい。

　店のクルーたちにも同じくらい感謝している。マリエット・マテケル、マリオ・カスティーヨ、マイケル・カスティーヨ、ベラ・レホツキー、エルマーン・オスピーナ、ジェイ・ウェスト、トーマス・ブラッキー。きみたちのうちの誰が欠けても、この仕事は成し遂げられなかった。

　そして、うちの店を訪れてくれるファンのみんなにも、心からの感謝を捧げたい。最初は物珍しさで訪れたとしても、そのあと『トレホズ・タコス』のファンになって何度も繰り返し食べにきてくれる人たちがたくさんいる。そういう人たちの熱い友情と誠実な心を本当に嬉しく思っている。

　天国から俺を見守ってくれている、エディー・バンカーとジョージ・ペリーへ。『ザ・パントリー』で一緒に食べたディナーを懐かしく思い出すよ。

　最後に、すべてをつなぎ合わせてくれる大切な存在であり、古い友人でもあるエージェントのグロリア・ヒノホーサと、アムゼル・エイゼンスタット・フレイジャー&ヒノホーサ社のチームのみんなにも、大きな感謝を捧げたい。ありがとう、みんな。

索引

あ

赤チミチュリ
- ▸ ロースト芽キャベツ（赤チミチュリ・ソース添え）164-65

揚げ物
- ▸ 揚げ物を恐れるな 143

アサフェティーダ
- ▸ 秘密の調味料 090

油 026

アボカド
- ▸ ──・クレマ 061
- ▸ フライド・アボカド・タコス 140-41
- ▸ ワカモレ 152

ヴィーガン
- ▸ クリーミー・コリアンダー・ライム・ドレッシング 058
- ▸ ──・カシュー・クレマ 059
- ▸ ──・ココ・ロコ・ドーナツ 197
- ▸ ──・ドーナツ 194-95
- ▸ ──・ベリー・ドーナツ 197

エスカベッシュ
- ▸ ──（ハラペーニョとニンジンのピクルス）051
- ▸ ──・ミント・クレマ 058

エビ
- ▸ エビについて 030
- ▸ エビとホタテのセヴィーチェ 154-55
- ▸ エル・ヘフェ・サラダ 161
- ▸ キラー・ケサディーヤ 145
- ▸ グリルド・スパイシー・ディアブロ・シュリンプ 118
- ▸ サーフ＆ターフ・ブリトー 134-35
- ▸ シトラス・ハーブ＆ガーリック・シュリンプ 102
- ▸ シュリンプ・トスターダ 104
- ▸ スパイシー・ディアブロ・シュリンプ・タコス 120
- ▸ スパイシー・ディアブロ・シュリンプ・ブリトー 120

チポトレ・シュリンプ・カクテル・ソース 064
- ▸ ファヒータ 160

オルチャータ
- ▸ デーツ入り── 217

オレガノ 024

オレンジ
- ▸ ──・クレマ 061
- ▸ シュリンプ・トスターダ 104

温度計 034

か

カシュー・クレマ
- ▸ ヴィーガン・── 059

カリフラワー
- ▸ ロースト・カリフラワー・タコス 136
- ▸ ロースト・カリフラワー・ボウル 138

カルニータス 084
- ▸ ──・タコス 086
- ▸ ──・ブリトー 087
- ▸ ──・ボウル 087

カルネ・アサーダ 080
- ▸ カルネ・アサーダについて 028
- ▸ ──・タコス 082
- ▸ ──・ブリトー 083
- ▸ ──・ボウル 083

キュウリ
- ▸ ──とコリアンダーのマルガリータ 208

牛肉
- ▸ エル・ヘフェ・サラダ 161
- ▸ カルネ・アサーダ・タコス 082
- ▸ カルネ・アサーダ・ブリトー 083
- ▸ カルネ・アサーダ・ボウル 083
- ▸ カルネ・アサーダ 080
- ▸ 牛肉について 027-029
- ▸ キラー・ケサディーヤ 145

挽き肉について 029
- ▸ グリンゴ・タコス 116
- ▸ サーフ＆ターフ・ブリトー 134-35
- ▸ バルバコア・ブリスケット・ブリトー 078
- ▸ バルバコア・ブリスケット・ボウル 078
- ▸ バルバコア・ブリスケット 074-76
- ▸ ファヒータ 160
- ▸ フライパンを焼きつける 097
- ▸ ブリスケットについて 027-28
- ▸ ベーコン・チーズバーガー・タコス 127
- ▸ 骨つきリブアイについて 028

クッキー
- ▸ メキシカン・ホット・チョコレート・クッキー 198-99

クミン
- ▸ クミンについて 024
- ▸ ──・クレマ 060

クレマ
- ▸ アボカド・── 061
- ▸ エスカベッシュ・ミント・── 058
- ▸ ヴィーガン・カシュー・── 059
- ▸ オレンジ・── 061
- ▸ クミン・── 060
- ▸ チポトレ・── 060
- ▸ ライム・── 059

黒コショウ
- ▸ 黒コショウについて 023
- ▸ 黒コショウと豆腐のタコス 142-43

ケール
- ▸ エル・ヘフェ・サラダ 161
- ▸ ケール・サラダ 162
- ▸ メキシコ風ファラフェル・タコス 122

ケサディーヤ
- ▸ キラー・── 145
- ▸ チキン・ティッカ・── 146

▶ ポヨ・フリット・—— 147
コーン
　▶ エル・ヘフェ・サラダ 161
　▶ グリルで焼く 163
　▶ ケール・サラダ 162
　▶ 直火で焼く 163
　▶ フライパンで焼く 163
　▶ ブラックンド・サーモン・タコス 114
　▶ 屋台のボウル入りコーンサラダ 167
　▶ 屋台の焼きトウモロコシ（エローテ） 166
　▶ ロースト・カリフラワー・タコス 136-37
ココナッツ
　▶ ライム＆ココナッツ・マルガリータ 213
　▶ ヴィーガン・ココ・ロコ・ドーナツ 197
米
　▶ 米について 026
　▶ スパニッシュ・ライス 171
　▶ チキン・ティッカ・タコス 091
　▶ デーツ入りオルチャータ 217
　▶ ブラウン・バスマティ・ライス 172
　▶ メキシコ風リゾット 175
　▶ ライス・プディング 200
コリアンダー
　▶ キュウリとコリアンダーのマルゲリータ 208
　▶ クリーミー・コリアンダー・ライム・ドレッシング 058
　▶ コリアンダーについて 023
　▶ シトラス・ハーブ＆ガーリック・シュリンプ 102
　▶ ペピータ・ペスト 056

さ
サーモン
　▶ サーモンについて 030
　▶ ブラックンド・—— 112
　▶ ブラックンド・サーモン・ボウル 115
　▶ ブラックンド・サーモン・タコス 114
魚
　▶ タラ、サーモンの項目を参照

サラダ
　▶ エル・ヘフェ・—— 161
　▶ ケール・—— 162
サルサ
　▶ ——・ロハ（ロースト・トマトとチポトレのサルサ） 053
　▶ ——・ヴェルデ 052
　▶ ピコ・デ・ガヨ 048
サワークリーム
　▶ アボカド・クレマ 061
　▶ エスカベッシュ・ミント・クレマ 058
　▶ オレンジ・クレマ 061
　▶ クミン・クレマ 060
　▶ チポトレ・クレマ 060
　▶ ライム・クレマ 059
塩 026
シナモン
　▶ ザ・ローライダー（シナモンシュガーつき発酵ドーナツ） 190
　▶ チュロス 202
　▶ パイナップル・シナモン・マルガリータ 213
　▶ メキシカン・ホット・チョコレート・クッキー 198-99
　▶ メキシコ風リゾット 175
シロップ
　▶ トレホの自家製ハイビスカス・シロップ 214
ジャガイモ
　▶ コティハ・チーズとトウガラシ入りマッシュ・ポテト 168
　▶ ブレックファスト・ブリトー 132
ジャックフルーツ
　▶ ——・タコス 124
ストロベリー
　▶ ——・レモネード 216
スパイス 022-24
セヴィーチェ
　▶ エビとホタテの—— 154-55
ソース
　▶ チポトレ・シュリンプ・カクテル・—— 064
　▶ トレホのステーキ・—— 054-55

た
タコス

OG（ビール衣つきフライド・フィッシュ）—— 108
　▶ カルニータス・—— 086
　▶ カルネ・アサーダ・—— 082
　▶ 黒コショウと豆腐の—— 142-43
　▶ クラシック・フィッシュ・—— 106
　▶ グリルド・チキン・—— 096
　▶ グリンゴ・—— 116
　▶ ジャックフルーツ・—— 124
　▶ スパイシー・ディアプロ・シュリンプ・—— 120
　▶ タコスのロサンゼルス 070-71
　▶ タコスをレベルアップ 072
　▶ チキン・ティッカ・—— 091
　▶ バハ・フィッシュ・—— 110-11
　▶ バルバコア・ブリスケット・—— 077
　▶ フライド・アボカド・—— 140-41
　▶ フライド・チキン・—— 101
　▶ ブラックンド・サーモン・—— 114
　▶ ベーコン・チーズバーガー・—— 127
　▶ メキシコ風ファラフェル・—— 122
　▶ マッシュルーム・アサーダ・—— 130
　▶ レストランのタコス VS ホームメイド・タコス 072
　▶ ロースト・カリフラワー・タコス 136-137
タヒン
　▶ タヒン・シーズニングについて 104
卵
　▶ ブレックファスト・ブリトー 132
タマネギ
　▶ 赤タマネギのピクルス 050
　▶ タマネギについて 031
　▶ 2種類のタマネギを混ぜる 049
タラ
　▶ OG（ビール衣つきフライド・フィッシュ）タコス 108
　▶ クラシック・フッシュ・タコス 106
　▶ タラについて 030
　▶ バハ・フィッシュ・タコス 110
チーズ
　▶ キラー・ケサディーヤ 145
　▶ グリンゴ・タコス 116
　▶ コティハ・チーズとトウガラシ入り

マッシュ・ポテト 168
▶ ──と豆のディップ・ソース 063
▶ チキン・ティッカ・ケサディーヤ 146
▶ チーズをたっぷり 086
▶ トレホのチキン・ウィング（ブルー チーズ・ディップ添え）156-57
▶ ナチョ・ドーナツ 191-93
▶ ナチョス 159
▶ ベーコン・チーズバーガー・タコス 127
▶ ポヨ・フリット・ケサディーヤ 147
▶ 屋台のボウル入りコーンサラダ 167
▶ 屋台の焼きトウモロコシ 166
チュロス 202-3
チョコレート
▶ ジ・アブリエータ（おばあちゃんの チョコドーナツ）188
▶ メキシカン・ホット・チョコレート・ クッキー 198-99
テキーラ
▶ マルガリータの項目も参照
▶ マルガリータ・ドーナツ 187
ディップ
▶ チーズと豆のディップ・ソース 063
▶ トレホのチキン・ウィング（ブルー チーズ・ディップ添え）156
▶ ワカモレ 152
デザート
▶ チュロス 202-203
▶ メキシカン・ホット・チョコレート・ クッキー 198-99
▶ ライス・プディング 200
トウガラシ（チリ・ペッパー）
▶ トウガラシ（チリ・ペッパー）について 024-25
▶ エスカベッシュ 051
▶ 乾燥アルボル・ペッパーについて 024
▶ コティハ・チーズとトウガラシ入り マッシュ・ポテト 168
▶ サルサ・ロハ（ロースト・トマトとチ ポトレのサルサ）053
▶ チポトレ・クレマ 060
▶ チポトレ・シュリンプ・カクテルソー ス 064
▶ チポトレ・チリ・パウダーについて

025
▶ チポトレ・ペッパーのアドボソース漬 けの缶詰 025, 054
▶ 生セラーノ・ペッパーについて 024
▶ 生ポブラノ・ペッパーについて 024
▶ ハラペーニョ・ペッパーについて 024
▶ レッド・チリ・マルガリータ 211
▶ ロースト芽キャベツ（赤チミチュリ・ ソース添え）164-65
豆腐
▶ 黒コショウと豆腐のタコス 142-43
▶ ファヒータ 160
トスターダ
▶ シュリンプ・── 104
▶ 自家製── 104
トマティーヨ
▶ サルサ・ヴェルデ 052
トマト
▶ サルサ・ロハ（ロースト・トマトとチ ポトレのサルサ）053
▶ トマトの選び方 031, 049
▶ ピコ・デ・ガヨ 048
▶ ミチェラーダ 214
トルティーヤ
▶ ブリトー、ケサディーヤ、タコス、ト スターダの各項目も参照
▶ 自家製細切り・トルティーヤ・チップ ス 077
▶ トルティーヤについて 031
▶ ナチョス 159
ドーナツ
▶ ザ・ローライダー（シナモンシュガー つき発酵ドーナツ）190
▶ ジ・アプエリータ（おばあちゃんの チョコドーナツ）188
▶ トレホズ・── 183-85
▶ ドーナツ作りに必要な道具 182
▶ ナチョ・── 191-93
▶ 保存について 182
▶ マルガリータ・── 187
▶ ヴィーガン・── 194-95
▶ ヴィーガン・ココ・ロコ・── 197
▶ ヴィーガン・ベリー・── 197
鶏肉
▶ エル・ヘフェ・サラダ 161
▶ キラー・ケサディーヤ 145

▶ グリルド・チキン・タコス 096
▶ グリルド・チキン・ブリトー 096
▶ グリルド・チキン・ボウル 097
▶ チキン・ティッカ・ケサディーヤ 146
▶ チキン・ティッカ・タコス 091
▶ チキン・ティッカ・ブリトー 091
▶ チキン・ティッカ・ボウル 092
▶ チキン・ティッカ 088-90
▶ トレホ・のグリルド・チキン 094
▶ トレホのチキン・ウィング（ブルー チーズ・ディップ添え）156-57
▶ トレホのフライド・チキン 98-100
▶ 鶏肉について 029
▶ ファヒータ 160
▶ フライド・チキン・タコス 101
▶ フライド・チキン・ブリトー 101
▶ フライパンを焼きつける 097
▶ ポヨ・フリット・ケサディーヤ 147

な
ナイフ
▶ ナイフについて 033
ナチョ・ドーナツ 191-93
ナチョス 159
ニンニク
▶ グリルド・スパイシー・ディアプロ・ シュリンプ 118
▶ シトラス・ハーブ＆ガーリック・シュ リンプ 102
▶ トレホのステーキ・ソース 054-55
飲み物
▶ マルガリータの項目も参照
▶ ストロベリー・レモネード 216
▶ デーツ入りオルチャータ 217
▶ パーティー前の下準備 209
▶ ミチェラーダ 214

は
ハーブ
▶ コリアンダー、ミント、パセリの項目 も参照
▶ オレガノについて 024
▶ シトラス・ハーブ＆ガーリック・シュ リンプ 102
ハイビスカス
▶ ──・マルガリータ 214

▶ トレホの自家製ハイビスカス・シロップ 214

ハラペーニョとニンジン
  ▶ エスカベッシュ 051

バルバコア・ブリスケット 074–76
  ▶ ──・タコス 077
  ▶ ──・ブリトー 078
  ▶ ──・ボウル 078

パイナップル
  ▶ エビとホタテのセヴィーチェ 154–55
  ▶ カルニータス・タコス 086
  ▶ カルニータス・ブリトー 087
  ▶ カルニータス・ボウル 087
  ▶ グリルド・── 086
  ▶ ──・シナモン・マルガリータ 213

パセリ
  ▶ シトラス・ハーブ&ガーリック・シュリンプ 102
  ▶ ペピータ・ペスト 056
  ▶ ロースト芽キャベツ（赤チミチュリ・ソース添え）164–65

パプリカ
  ▶ ファヒータ 160
  ▶ ケール・サラダ 162

ビール
  ▶ OG（ビール衣つきフライド・フィッシュ）タコス 108–9
  ▶ ミチェラーダ 214

ピクルス
  ▶ エスカベッシュ（ハラペーニョとニンジンのピクルス）051
  ▶ 赤タマネギのピクルス 050

ピコ・デ・ガヨ 048

深鍋 034

豚肉
  ▶ エル・ヘフェ・サラダ 161
  ▶ カルニータス 084
  ▶ カルニータス・タコス 086
  ▶ カルニータス・ブリトー 087
  ▶ カルニータス・ボウル 087
  ▶ キラー・ケサディーヤ 145
  ▶ フライパンを焼きつける 097
  ▶ 豚肩肉について 029

ベーコン・チーズバーガー・タコス 127

フライパン 033–34

ファヒータ 160

ファラフェル

▶ メキシコ風ファラフェル・タコス 122

ブリトー
  ▶ カルニータス・── 087
  ▶ カルネ・アサーダ・── 083
  ▶ グリルド・チキン・── 096
  ▶ サーフ&ターフ・── 134–35
  ▶ スパイシー・ディアブロ・シュリンプ・── 120
  ▶ チキン・ティッカ・── 091
  ▶ バルバコア・ブリスケット・── 078
  ▶ BCR（ベーコン、チーズ、ライス）── 139
  ▶ フライド・チキン・── 101
  ▶ ブレックファスト・── 132

プディング
  ▶ ライス・── 200

ベーコン
  ▶ ──・チーズバーガー・タコス 127

ベリー
  ▶ ヴィーガン・ベリー・ドーナツ 197

ペスト
  ▶ ペピータ・── 056
  ▶ ペストの保存方法 056

ホタテ
  ▶ エビとホタテのセヴィーチェ 154–55

ボウル料理
  ▶ カルニータス・── 087
  ▶ カルネ・アサーダ・── 083
  ▶ グリルド・チキン・── 097
  ▶ チキン・ティッカ・── 092
  ▶ バルバコア・ブリスケット・── 078
  ▶ ブラックンド・サーモン── 115
  ▶ マッシュルーム・アサーダ・── 130
  ▶ 屋台のボウル入りコーンサラダ 167
  ▶ ロースト・カリフラワー・── 138

ま

豆
  ▶ エル・ヘフェ・サラダ 161
  ▶ 缶詰 025
  ▶ 基本のブラックビーンズ 170
  ▶ ケール・サラダ 162
  ▶ サーフ&ターフ・ブリトー 134–35

▶ チーズと豆のディップ・ソース 063
  ▶ ナチョス 159
  ▶ BCR（ベーコン、チーズ、ライス）ブリトー 139
  ▶ フライド・アボカド・タコス 140–41
  ▶ 豆について 025
  ▶ リフライド・ブラック・ビーンズ 173
  ▶ ロースト・カリフラワー・ボウル 138

マチェーテ 033

マッシュルーム
  ▶ ──・アサーダ 128
  ▶ ──・アサーダ・タコス 130
  ▶ ──・アサーダ・ボウル 130

マルガリータ
  ▶ キュウリとコリアンダーの── 208
  ▶ ハイビスカス・── 214
  ▶ パイナップル・シナモン・── 213
  ▶ ライム&ココナッツ・── 213
  ▶ ラベンダー・── 212
  ▶ レッド・チリ・── 211
  ▶ ──・ドーナツ 187

ミキサー 034

ミチェラーダ 214

ミント
  ▶ エスカベッシュ・ミント・クレマ 058

モルカヘテ 034

ら

ライム
  ▶ クリーミー・コリアンダー・ライム・ドレッシング 058
  ▶ ──・クレマ 059

ライム・ジューサー 034

ライルズ・ゴールデン・シロップ 187

ラベンダー
  ▶ ラベンダー・マルガリータ 212

レタス
  ▶ エル・ヘフェ・サラダ 161

レモネード
  ▶ ストロベリー・── 216

ロースト芽キャベツ
  ▶ ──（赤チミチュリ・ソース添え）164–65

わ

ワカモレ 152

ダニー・トレホ［著］
Danny Trejo

1944年生まれ。若い頃は強盗や薬物違反で服役と出所を繰り返し、リハビリを受けて社会復帰。アンドレイ・コンチャロフスキー監督の「暴走機関車」（85）で役を手に入れて、俳優として活動を始める。その後、「ヒート」「コン・エアー」「トリプルX」などのヒット作に出演、個性派俳優として活躍。映画監督のロバート・ロドリゲスはまたいとこにあたり、「デスペラード」「フロム・ダスク・ティル・ドーン」シリーズ、「スパイキッズ」（10）では主演を務める。L.A.に「トレホのタコス」「トレホの酒場」「トレホのコーヒー＆ドーナッツ」を構えるレストランオーナー＆実業家でもある。

加藤輝美［訳］
かとう・てるみ

英語翻訳者。愛知県立大学文学部英文学科卒。洋楽雑誌の記事翻訳や書籍翻訳を手がけている。訳書に『実践‼ WTFファスティング』（パンローリング）、『あなたは「祖父母が食べたもの」で決まる』（サンマーク出版）、『シンプルなクローゼットが地球を救う』（春秋社）、『ホープ・ネバー・ダイ』（小学館）、『アートからたどる 悪魔学歴史大全』（共訳、原書房）がある。

ダニー・トレホのタコスを喰え！

「最凶」の漢による
「最高」のL.A.スタイル・メキシカン・レシピ75

2023年10月25日　初版

［著者］
ダニー・トレホ
with **ヒュー・ガーヴェイ**
［訳者］
加藤輝美
［発行者］
株式会社晶文社
東京都千代田区神田神保町1-11 〒101-0051
電話 03-3518-4940（代表）・4942（編集）
URL https://www.shobunsha.co.jp
［印刷・製本］
中央精版印刷株式会社

Japanese translation ©Terumi KATO 2023
ISBN978-4-7949-7392-4　Printed in Japan

プロジェクト・ファザーフッド

ジョルジャ・リープ[著]

ロサンゼルス南部の街ワッツ。人類学者でソーシャルワーカーの著者は、元ギャングメンバーに頼まれて、子供をもつ男性たちの自助グループを運営。「殺し合いを今すぐやめなきゃならない。子供たちを救うんだ」──貧困、差別、暴力を超えて繋がる男たちのドキュメント。Zeebra氏、水無田気流氏、推薦!

自分のために料理を作る

山口祐加／星野概念〈対話に参加〉[著]

「自分のために作る料理」が、様々な悩みを解きほぐす。その日々を追いかけた、実践・料理ドキュメンタリー。世帯も年齢もばらばらな6名の参加者を、著者が3ヵ月間「自炊コーチ」! その後、精神科医の星野概念さんと共に、気持ちの変化や発見などについてインタビューすることで、「何が起こっているのか」が明らかになる──。磯野真穂さん(文化人類学者)、推薦。好評重版!

cook

坂口恭平[著]

やってみよう、やってみよう。やれば何か変わる──色とりどりの料理と日々の思索を綴った、写真付き30日間自炊料理日記「cook 1, 2」と料理の起源へと立ち戻るエッセイ「料理とは何か」を収録。詳しいレシピも料理の作り方も載っていない〈記憶で料理をつくる〉新世紀の料理書。カラー図版多数掲載。

不機嫌な英語たち

吉原真里[著]

些細な日常が、波乱万丈。カリフォルニア・ニューイングランド・ハワイ・東京を飛び交う「ちょっといじわる」だった少女にとっての「真実」とは。透明な視線と卓越した描写で描かれる小さな「クラッシュ」たち。河合隼雄物語賞、日本エッセイスト・クラブ賞(『親愛なるレニー』にて)受賞後初の書き下ろし私小説。水村美苗さん(作家)、推薦!

taishoji cookbook 1 2016-17
taishoji cookbook 2 2018

細川亜衣[著]

素材本来のおいしさを引き出すレシピと、独特の世界観で支持される料理家・細川亜衣さん。地元の熊本で開く「taishoji料理教室」のレシピをオールカラーで大公開。和食をベースに、イタリア、フレンチ、中華などの要素をアレンジし、四季折々のメニューを紹介。第1弾は2016-17年、第2弾は2018年のレシピ。

民間諜報員
(プライベート・スパイ)

バリー・マイヤー[著]｜庭田よう子[訳]

〈情報の世界の現在を知るための必読書〉空前の偽情報[ガセネタ]が世界を揺るがす! 裏切り、寝返り、嘘と罠。欲望渦巻く〈情報[ネタ]〉の世界。諜報とジャーナリズムが融合し、情報を操作する時代の舞台裏を鮮やかに描く、衝撃のノンフィクション。佐藤優さん(作家・元外務省主任分析官)、推薦!